あなたを幸せにする
接遇コミュニケーション

〜人を大切にすることは自分を大切にすること〜

能勢みゆき

KSS 近代消防新書 006

近代消防社 刊

はじめに

月刊雑誌『近代消防』へ連載のお話をいただいたのが今から5年前の２００７年でした。「ときめきコミュニケーション」として3年、「ファイヤーファイターに贈る接遇道」として書き始めて3年、トータルで6年目を迎えました。書き溜めたものを抜粋してでき上がったのが、こちらの新書**『あなたを幸せにする接遇コミュニケーション』**です。

私は、研修講師として企業や官公庁で主に接遇マナーやコミュニケーションなどの研修をしています。研修を担当させていただく企業が時代とともに変化してきているのを感じています。今から15年前は、接遇研修というとホテルや美容業界、一般企業の受付けや事務職が中心でした。そのような業界ももちろん現在も接遇研修のニーズはありますが、かわりに増えてきたのが警備業、運送業、官公庁などです。どちらかというと接遇と程遠いと思われていた業界が、接遇マナーに力を入れ始めました。そして、現在は〝接遇マナーが不要な業界、業種はない〟と言われるようになりました。

また、マナーは社会人として最低限身につけておかなければいけないなどと言われますが、社会人に限ったことではないと考えます。子どものいじめ問題や学級崩壊などの話を聞くと、学校教育の場でもマナーや人への思いやりは必要なことだと思ってやみません。ビジネス社会はもちろんのこと、一人の人間として、この世で人とともに生活をしていくのに身につけておいて損がないものそれが接遇だと思います。

私たちは無人島にでもいない限り、必ず人――家族、職場の同僚、同級生、地域などのコミュニティ――と関係しながら生活しています。だからこそ、お互いを大切に思いやりながら、共に活かしていく関係づくりが大切だと思います。

人が2人以上集まればそこにはコミュニケーションが発生します。お互いを思いやり大切にしようとする接遇マナーと、相手との関係づくりや良好なコミュニケーション、その

2つを大切にしたいという思いを込めて〝接遇コミュニケーション〟といたしました。人と人が支え合って助け合える社会を築くためにも、まずは身近な人へ接遇コミュニケーションを実践していきましょう。接遇コミュニケーションを仕事や生活の中で取り入れていけばいくほどに、人を大切にすることは、自分を活かしていくこと、つまり自分を大切にすることであると実感されることでしょう。

目次

第一印象を高めて自信を持とう

自分を活かす接遇コミュニケーション

自分も他人も活かす
人間関係づくり

1、さわやかな人間関係をスタートさせる

●はじめまして!

皆さんは私が誰なのか気になるところだと思います。私は企業や官公庁などを中心に研修や講演を行っています。前職は航空会社の客室乗務員をしていました。客室乗務員はサービス要員と保安要員の2つの顔があります。保安要員であったということで、消防関係で仕事をされている皆さんとお近づきになれたら嬉しい限りです。通常、客室内では笑顔で接客をしていますが、もう一方では、常に異常な音はしていないか、異臭はないかなど機内の安全を気にしています。空の上では、火災が発生しても消防士さんに来ていただくことができませんものね。

●温かな気持ちで歩み寄る

新年度が始まり、新しい環境で仕事をスタートさせた人もいるでしょう。そこで、今回は新しい職場や場所で、出会った人とさわやかな人間関係を築く方法について考えたいと思います。

新しい環境に入る側と、新しく入ってくる人を迎える側がありますが、新たな環境に入る人のほうが、迎える側の人よりも不安と期待が大きいと思います。自分はどんなふうに迎えてもらえるのだろうか、はたして職場のメンバーと上手くやっていけるのだろうかと考えます。

そこで、迎える側の人は、温かな気持ちを持って迎えてほしいと思います。何をするにも新しい場所は勝手がわからないものです。新しく入る人の立場になって必要なことを教えてあげましょう。

●適度な距離感を保ちつつ、相手に近づく

新しい職場に入ってくる側の人はどのようなことを心掛ける必要があるでしょうか。それは職場のメンバーとあせらずにじっくりと良い関係を築いていくことだと思います。良い関係を築くには、徐々にお互いを理解しあっていくプロセスが重要です。

お互いを理解しあうには順序があります。新たに入ってきた側の人が、挨拶をするなどさわやかに自分から相手に近づきましょう。「今月より、こちらに異動してまいりました能勢です。よろしくお願いします。色々と教えてください」すると、相手も「田中です。よろしくお願いします」と挨拶を返してくれるでしょう。そして、わからないことがあった際には、相手の都合を考慮したうえで「○○はどのようにすればいいのか教えてもらえますか」と尋ねます。挨拶を交わしている相手であれば、声をかけやすいでしょう。教えてもらったあとは、お礼も忘れずに。

お互いに最初は緊張や気恥ずかしさがあります。ですから急に親しくなる必要はないと思います。はじめからジョークを飛ばしすぎたりするのも避けましょう。相手はそれが

ジョークであるのか、それとも本気で言ったのかどうかわからずに戸惑ってしまうことがあるからです。お互いの人間性が少しずつわかりはじめた頃に、冗談を言ったり、相手の良いところを褒めたりするといいでしょう。

●あわてず、焦らず、飾らずにあなたらしさを表現する

再就職のご相談にのっている時に、クライアントさんが次のように話していました。「自分は堅苦しい雰囲気の中で仕事をするのが嫌いなんです。どうせ仕事をするなら楽しんでやりたいので、職場では冗談を言ったりしながら仕事をしたいと考えています」と。確かに、息が詰まるような職場より、適度に笑いのある職場のほうが居心地も良く、仕事もはかどります。しかし、それは自分が職場や仕事に慣れてきてからの話しですね。新しい職場に異動もしくは配属された早々に冗談を連発しても〝この人は不真面目な人だ〟と受け取られかねません。良い関係をつくるには、焦らず、飾らず等身大の自分を表現することが大切です。今月のあなたは新しい環境に入った側の人ですか？　それとも迎えた側の人

ですか？　人との出会いは新しい自分を発見することにもなります。新しい出会いを〝ときめき〟でスタートさせましょう。

接遇三箇条

その一、温かな気持ちで歩み寄る
その二、適切な距離感をつかむ
その三、飾らずに自分らしさを表現する

2、知らない人の中での人間関係づくり

●人との出会いを楽しもう

交流会や会合などの場面で、顔見知りの人でなくても、あなたは積極的に話しかけるほうですか？　最近、交流会や勉強会に参加する機会が増えています。せっかくですから一人でも多くの人と仲良くなりたいと思って参加しています。知り合いが一人でもいるととても安心するものですが、必ず知り合いがいるとは限りません。そのような時にあなたがとる行動はどんな行動ですか？　一人でいますか。それとも積極的に自分から周りの人に話しかけるほうですか。または、話しかけられるのを待っていますか。

おそらく積極的に自分から話しかけるという人がいちばん少ないでしょう。私は今でこ

そ、自分から積極的に話しかけることはできますが、20代〜30代前半までは話しかけられるのを待っている人でした。最大の理由は、話しかけるのが恥ずかしいから……でした。そのような私がなぜ変わったのかというと、それは与えられた役割が大きかったように感じます。研修講師という役割が私を変えました。講師はみずから、受講者に働きかける立場です。そのような仕事をしているのに、交流会などの場で恥ずかしがって引っ込み思案のままでいたら「企業研修や講演の講師をしています」とは名乗れません。

皆さんもファイヤーファイターとしての活動時は、勇敢に行動しているのに、プライベートとなると「からきしだめで……」という方がいるかもしれませんね。私は20代にキャビンアテンダントをしていました。仕事では、お客さまに積極的に挨拶をしたり、飲み物を伺ったりしていましたが、プライベートの場面では意外にも引っ込み思案でした。私の引っ込み思案はキャビンアテンダントの役割では変えられなかったのかもしれません。しかし、いま思うと引っ込み思案が得をするとは思いません。色々な出会いが、仕事や生活の幅を広げてくれるからです。

●人との交流を恐れない

春に入社した新入社員が研修期間を終え、お店の店頭などに配属されています。私が通っているエステサロンにも新人さんが配属されました。先日、受付をすませて座っていると見慣れない顔のスタッフが話しかけてきました。「能勢様、温かいお茶と冷たいお茶をご用意しますが、どちらになさいますか？」その時の応対が、初々しくやや緊張した面持ちではありながら、お客さまにしっかりと向き合っている様が好印象でした。

その後、先輩エステシャンに施術をしてもらいながら〝新人育成〟について会話をしました。新人は、はじめはお客さまの顔や体に触って施術をすることを怖がってしまうそうです。そこで、先輩はこのように指導されるそうです。「良い化粧品を使って、良い技術を提供しているのに、怖がっていたらいい成果は出せないよ」と。それって、色々な場面にあてはまると思いませんか。例えば、ファイヤーファイターの皆さんが、日ごろ知識学習をしたり、厳しい訓練をしていても、いざ現場に出向いた際に、怖がっていたら救出や消火活動はできなくなってしまうようなこと。

交流会などは、共に志をもって活動している人が集まっている場です。そこで恐れていたり、恥ずかしがっていたら良い交流は起こりません。恥ずかしくて自分から話しかけられなかった私ですが、話しかけてもらうと嬉しく思っていました。話しかけられて嫌だと思う人はいないと思います。知り合えたことが嬉しいという気持ちで心をいっぱいにし、最高の笑顔で話しかけてみましょう。そのあなたの笑顔を見て、相手の恐れや引っ込み思案な気持ちは一気に吹っ飛んでしまうことでしょう。

交流会や会合などは、メンバー同士の交流を深めるために催されることがほとんどです。ですから、一人ひとりが発信源になって交流の渦を巻き起こすくらいの気持ちで参加したいものですね。

接遇三箇条

その一、人や状況を恐れずに
その二、相手に興味を持って
その三、自分から笑顔で話しかける

3、相手は自分を映し出している鏡

●お互いに影響しあう

先日、とある研修でグループワークを行いました。５～６人のグループメンバーで協力して課題を行うワークです。

あるグループの様子です。グループリーダーが、少しイライラした口調でメンバーに対して話をしています。課題をなかなか達成することができない焦りもあり、表情もかなりこわばっています。「だからさぁ、これを何とかしないといけないんだけど、どうすればいいの！」メンバーからの意見を期待しているようです。しかし、メンバーからの発言はありません。うつむいていて、誰もリーダーを見ようともしません。リーダーは更に強い口調になってメンバーの発言を促しています。「じゃぁ、こうするけどいい？　いいの？」半ば強引に取り掛かろうとしています。しかし、メンバーは貝のように口を閉ざすばかりです。

また、このようなグループもありました。はじめはリーダーがメンバーを引っ張っていこうと頑張っていました。メンバーへ問いかけています。「こうするといいと思いますが、どうでしょうか？」「…」メンバーからの反応はありません。「私はこう思いますが……みんなは何か良い案はありますか？」「…」メンバーは硬い表情をして黙っています。次第にリーダーの表情もこわばってきました。しまいには、リーダーさえも発言しなくなってしまいました。このグループはタイムアップまで誰も口を開こうとはしませんでした。

さらに別のグループの光景です。グループリーダーは、メンバーの様子を見ながら、一人ひとりに声をかけています。「〇〇さんは、どのように思いますか？」「〇〇さんの意見はありますか？」しっかりと相手を見ながら、穏やかに声をかけています。それに対して、メンバーからの発言も活発です。「これは、このようにしたらどうですか」「それいいですね！そうしましょう」と別なメンバーからの反応もあります。時々笑い声をあげながら、楽しそうにワークに取り組んでいます。

どのグループが早く課題を達成できたか……もう言うまでもありませんね。皆さんの職場にも似たような光景はないでしょうか？　例えば会議の場面。上司が威圧的な声で、一方的に部下に話をしています。そして、部下は黙って聞いています。目が合ったら大変とばかり、視線は下に向けたままです。活発に意見交換されることはありません。

なぜ、このような会議になってしまっているのでしょう。上司の話し方に問題がありそうです。上司が威圧的に話すことによって、部下はますます発言できなくなります。グループワークもそうですが、リーダーのイライラした様子にメンバーは萎縮してしまいました。間違ったことを言って、更に怒らせたらどうしよう……自分が提案したことを行って、失敗してしまったらどうしよう……と考えるあまり、思考もストップしてしまったのです。

●相手の反応は、自分が発したメッセージへの反応

あなたが誰かと会話をする時、相手の表情はどのような表情のことが多いですか？

①こわばった表情　②無表情　③やわらかい表情

会話の内容にもよりますが、深刻な話をしている時を除いては、望ましいのは③のやわらかい表情ですね。もしも、①のこわばった表情、もしくは②の無表情であったら……それはあなたに原因があるのかもしれません。なぜならば、相手の反応は、自分が発したメッセージへの反応だからです。

楽しそうに会話をしている人たちを観察してみましょう。お互いにニコニコしながら、明るい声で話しています。同じところで笑い、同じような姿勢をして、お茶を飲むタイミングも一緒になっていませんか。相手から意見や考えを聞きたいと思うならば、あなたが話しやすい表情や態度をしなければなりません。さわやかな関係を築きたいと思ったら、さわやかな表情、声、態度を心がけましょう。その行動がメッセージとなり相手に伝わっていくはずです。さあ、あなたから笑顔で話しかけてみましょう！

接遇三箇条

その一、自分の言動が相手に影響を与える

その二、相手の反応は自分が発したメッセージへの反応である

その三、望ましい反応を考えたうえでメッセージを発する

4、ほめ上手で豊かになろう

●人をほめていますか？

あなたは、相手の良い面に気がついた時、タイミング良くほめていますか？　気が効いている行動が見られれば「気が利くわね」「いいタイミングで持ってきてくれたね」などの言葉です。タイミングを逃してしまったとしても、何かの折に「○○さんは、いつも良く気がついてくれるよね」「いつもタイミング良く持ってきてくれるね」というような、ちょっとした一言が欲しいものです。あらためてほめるのが、気恥ずかしいのであれば、ちょっとした会話の時にほめてみてはいかがでしょうか。

年配者は、比較的ほめるのが苦手な人が多いようです。昔は「叱って育てる」が主流でした。ほめられたことも少なければ、ほめたこともあまりないといった環境が影響しているのだと思います。ところが、現代では「ほめて育てる」が主流になりつつあります。また、脳は他人と自分の区別がつかないそうです。人をほめることは自分をほめていることと同じとみなされます。そうであるならば、なおのこと人の良いところを見つけて大いにほめて、自分もハッピーになりませんか。

〝ほめる〟コツ

だからと言って、何でもかんでもほめるということも考えものです。〝ほめ殺し〟やいいかげんなほめ方は、むしろ関係を悪化させるでしょう。ほめ殺しは、相手が操られているように感じてしまいますし、いいかげんなほめ方は、相手に見透かされてしまうでしょう。また、「素晴らしい」「立派」「すごいね」と言うだけでは、素直に喜べないこともあります。そこでほめるコツとして、〝承認〟を意識することをおすすめします。

承認のし方は、そう難しく考えることはありません。「毎朝、早めに来て準備をしていますね」「以前より、早くできるようになりましたね」「リーダーシップを発揮しながら、チームをまとめてくれているね」など、具体的な事実を認める言葉が、相手への承認です。

承認するためには、相手に関心を持つことが必要です。相手の言動を良く見ているからこそ、的を射た承認ができるものです。あなたのまわりにほめ上手な人がいたら、その人がどのように、人をほめているのかを観察してみましょう。そして、できることから真似てみると良いでしょう。

●身近な人をほめましょう

上司、部下の関係や夫婦関係においてもそうですが、身近な関係になればなるほど、ほめるのを忘れがちになります。しかし、身近な相手にほめられることは、とても嬉しいことです。私も夫に年、数回ほどですが、承認してもらえることがあります。「(煮物が) おいしく煮えているね」「(片付けが) もう片付いたの」などのたった一言ですが、言ってもらえれば心の中では〝ニンマリ〟です。

誰でもほめられると嬉しいものですが、特に部下は、上司にほめられると非常に嬉しいものです。厳しく指導されたり、叱られたりすることもある上司に承認されることにより、上司に対する気持ちが和んだり、信頼感が増したりするのでしょう。

●さびしい人にならないために

一緒に仕事をしていて、うるさいことをいちいち言ってくるわりには、承認の言葉を言わない人がいます。あったとしても儀礼的にメール文で書いてくるだけですから、気持ちが全く伝わってきません。そして、不思議なことに、相手のことはほめないのに、自分の手柄や成果は人一倍アピールするのです。

仕事はできる人なのですが、残念なことに周囲の人から、少し距離を置かれてしまっています。付き合いが表面的になるせいか、ますます人嫌いになり、ほめることができなくなってしまっているように感じます。当然、ほめられることも少なくなるせいか、必要以上に自分のことをアピールすることにより、バランスをとっているようにさえ見えてしま

います。

「人脈」という言葉があるように、豊かな人生のためには、人との出会いや関係は欠かせません。人間関係を円滑にするエッセンスとして、ほめること、承認することを心がけてみてはいかがでしょうか。

接遇三箇条

その一、相手の長所に目を向ける
その二、思ったことを素直に口に出してみる
その三、身近な人からほめてみる

5、人と会う効用

●対人関係の法則

『人は知らない人に対しては、攻撃的・批判的・冷淡になる。人はその人を知れば知るほど好きになる傾向がある。人はその人の人間的側面を知ったとき、好意を持つ。』とは米社会心理学者R・B・ザイアンスが提唱している対人関係の法則です。（ザイアンスの法則）なるほど、的を射ている法則だと納得できます。人は知らない人に対しては無責任になりがちです。そこで良く分りもしないのに批判的になったり、身内には親切にするのに、他人にはおかまいなし……注意しなければいけないことの一つですね。

さて、皆さんが担当されている地域住民の方の所には、どのくらいの頻度で訪問していますか？　定期的に会う機会をつくっていますか。それとも赴任してきたばかりで、顔見知りが少ないので、足が遠のいてしまっているという人はいませんか。ある営業マンが言っていました。お客さまに信頼を寄せていただき、ようやく注文の話などをいただけるのは、訪問回数8回目くらいからであると。

●会わないことの弊害

先日、会うことの大切さを強く実感した出来事がありました。数年来、お世話になっている税理士の先生がいます。その税理士さんとは決算月の時、つまり年1回だけ会うことが慣例となっていました。昨年は決算月が忙しかったこともあり、会わずに電話だけのやりとりで決算を済ませました。そして、今年度も忙しい時期と重なってしまったので、電話中心のやり取りになっていました。

ところが、昨年までのように決算が順調に進みません。何度も何度も同じことで税理士さんから電話がかかってくるのです。私もその都度、同じことを何度も何度も説明しました。去年とほとんど変わらない状況で、昨年も担当してもらったことなのに、今年は理解ができないようなのです。その件についての問い合わせが10回目ぐらいになった頃、私はとうとう電話口で言い放ちました。「先生、お越しになったほうがいいんじゃないですか！」

翌日、会って話をしました。何度もつまずいていた件は、ものの10分ほどで解決しました。

日頃の忙しさにかまけて、客先へ足が遠のいてしまう、電話で簡単に済ませてしまうことが多いことを気にかけている営業スタッフや顧客担当者は少なくないと思います。しかし、憂いているだけでは、思っているような最悪の結果が待っているだけでしょう。

今回の税理士さんとの電話によるやり取りには辟易しました。今期を最後に、税理士さんを変更しようと本気で考えたくらいです。会って話すと、何がそんなにわからなかったのかと不思議に思うくらいに問題はスムーズに解決しました。また、会うことによって親近感もわいてきました。今回の出来事は、お客さまとの関係を見直す良い機会を私に与えてくれたと思っています。

私の仕事の場合は、研修の事前の打ち合わせと研修当日はお客さまにお会いします。その後は報告書をメールで送信して、その仕事の完結としていました。しかし、この一件以来、当社と直接にお取引をさせていただいているお客さまの場合は、できるだけ出向いて報告をすることを心がけています。お客さまに対して時間を頂戴することになるため、報告書を読むだけのつまらない報告となってはいけません。報告書では伝わらないことを伝えることが大切だと思います。

●残業それともデート!?

最近、彼女とあるいは彼としっくりいかない。なにかがおかしいと感じているあなた、会う回数が減っていませんか？　近年の新入社員は、残業と恋人とのデートに対しては残業を選ぶそうです。経営者からすると嬉しい限りですが、恋人としては……空しいものです。だからと言って恋人とのデートを選んでばかりいると会社からの信用がなくなるでしょう。

何ごともバランス感覚が大切です。仕事だけに偏らず、かといって恋人との関係だけに偏らないワークライフバランス。多少の無理を聞いてもらうためにも、仕事もデートにも打ち込める時にしっかりと打ち込んでおくことが重要なのかもしれませんね。

接遇三箇条

その一、人は多く会った人を信頼する
その二、人間関係づくりの特効薬は会うこと
その三、問題が起こった時ほど会うことを心がける

6、取引業者は顧客⁉　それとも……

●社内顧客と社外顧客

企業は、さまざまな関連会社や取引会社によって業務が成り立っています。先日、ある企業に打ち合わせに伺うと「取引業者はお客さまなんでしょうか?」と尋ねられました。そこは契約しているビルの修理・修繕を受け付ける部署です。ドアの建てつけが悪いとか、エアコンの効きが悪いなどの修理・修繕依頼を主に受け付けるのが仕事です。そして、実際に修理・修繕を行うのは委託業者でした。

そこで先の質問の回答ですが『社内顧客と社外顧客』という考えがあります。社内顧客というのは「社員どうし、同僚」を指しています。そして、社外顧客は「お客さま」「取引先」「株主」を指しています。取引業者は社外のお客さまとして位置付けています。取引業者がいるからこそ、そこの企業はお客さまのニーズにこたえることができるからです。

私もその考え方に賛同しています。下請け企業や下請け業者という呼び方がありますが、聞いていてあまり気分がいいものではありません。まして、当社が下請け業者などと呼ばれていたとしたら、悲しくなってしまうでしょう。

●「協力会社」

今では、下請け業者のことを「協力会社」と呼ぶ人が増えてきました。その言葉のとおり、協力してくれる会社があるからこそ、その企業が成り立ちます。「自分たちは仕事をおろす側で、相手が仕事を引き受ける側。当然、仕事をおろす側である我々の方が、立場が上なのだ」というようなおごった考えはいましめなければなりません。

以前、そのように考えている企業の担当者と一緒に仕事をしたことがありました。会話をしていても、言葉の端々に「仕事をおろす側と下請ける側」という考えが見え隠れしていて、居心地の悪い思いをしました。そう感じてしまうと、そこの企業とは一緒に仕事をしたくないと考え始めます。素直に協力的になれなかったり、十分に力を発揮できなくなってしまったりするものです。それは、双方にとってマイナスです。そして間接的に迷惑をこうむるのは社外顧客に位置する〝お客さま〟でしょう。提供された仕事に満足できないお客さまは、次からはその会社に仕事を依頼しなくなるかもしれません。

大林組社長の白石氏が現場責任者をしていた頃を新聞記事に記述しています。「工事現場での経験を重ねるうちに、気づいたことがあります。職人は現場の工事責任者の仕事ぶりを良く見ているんですね。工事を進める段取りが良い人のところで働けば、作業のやり直しが少なく、自ずと職人の稼ぎが良くなります。だから能力の高い工事責任者がいる現場には、人が集まる。『この人の仕事ならば、是非、引き受けたい』そう思えば協力会社は、最初から安い値段を提示している。人集めもコストもおのずと良い方向に向かうのです」

人間は感情に左右される生き物ですから、気分が良ければいい仕事につながるし、気分が悪ければ仕事にも悪影響を及ぼします。お互いが気持ちの良い関係で仕事をすることが、最も基本になってきます。

現代は、一社のみ完結型で仕事をしている企業はとても少なくなっています。経費削減を目指してアウトソーシングが進んだからです。また、ネットワークで仕事をしている方も増えました。そうなると発注側も受注側も、お互いが気分良く、いい関係で協力しながら仕事をする姿勢がますます求められるでしょう。

●社内顧客を大切にする

最後になりましたが、上司や部下などの同僚も社内にいるお客さまです。お互いが協力しながら仕事をする最小限のユニットであるチームメンバーとの関係は、気持ちにも仕事にもダイレクトに影響を及ぼします。ですから社外顧客以上に、本来は大切にしなければいけない相手なのだと思います。

良い関係を築く第一歩は、相手の良い面だけに目を向けることがポイントです。マイナス面を見つけても、それはお互い様の精神です。いい仕事をするのにチームワークは欠かせません。お客さまとの関係を見直す前に、同僚どうしの関係を見直すことが必要かもしれません。

接遇三箇条

その一、協力会社は社外顧客

その二、同僚は社内顧客

その三、顧客との良好な関係がいい仕事につながる

7、乗り物内の居心地の良さ

●居心地の良い時間と空間の共有

夕暮れの単線電車の中の出来事でした。三陸海岸の大船渡から一関を結ぶ列車は学校帰りの学生であふれていました。私は4人がけのボックス席に一人で座っていました。誰か一人でも座っていると遠慮をしてしまうのか、ほとんどの学生は座らずに通路に立っておしゃべりをしていました。ただ、そのお下げ髪の女子高校生だけは違いました。電車に乗ってくると、私が座っているボックス席に近づき「こちらよろしいでしょうか？」と笑顔で声をかけてきたのです。私は「どうぞ」と言いながら、その女の子の愛くるしい笑顔と礼儀正しさにしばらく感動していました。

彼女が降車するまでのほんの10分ほどの間でしたが、私は彼女と居心地の良い時間と空間を共有していました。それから私は〝もし私が先に降りることになったら彼女に挨拶してから降りようかな〟などとぼんやり考えていたのですが、どうやら彼女のほうが先に降りるようです。すると、彼女は再びしっかりと私を見ながら、笑顔で「ありがとうございました」とお礼を言ったのです。私も「さようなら」とお別れの挨拶をしました。彼女に私が席を譲ったわけでもなく、空いている席に彼女が座っただけなのに「ありがとうございました」とお礼の言葉を残して、その天使のような女の子は電車を降りていきました。

●江戸しぐさ

この頃、電車内のマナーに関するポスターをあちこちで目にするようになりました。誰にも迷惑をかけていないからといって乗り物の中で化粧をしたり、床に座り込んだりする人が確かにいます。車内で携帯電話をしていた人を注意したことから口論になり、暴行事件に発展してしまった話もあります。

ＣＭでは「江戸しぐさ」といったお互いを気遣う行為が紹介されていました。空いている座席に誰かが座る場合はこぶし一つ分、隣の人はスペースを譲ってあげる、狭い道で傘をさした人同士がすれ違う時は、お互いにちょっと傘を傾けながらすれ違うといったものです。相手を思いやるしぐさであり、気持ち良く過ごすためのお互いの気遣いです。

●まずは自分から心がける

皆さんは一人で新幹線に乗る際、どの座席を予約しますか？　私は、少し前までは２人がけの席に座ることが多かったのですが、最近はできるだけ３人がけの席を予約するようにしています。２人がけの席の場合、隣の席に後から誰かが座ってきても「失礼します」と声をかけてくれる人はほとんどいませんでした。軽い会釈すらしないで指定席とばかりにドカッと座り込む人が多いのです。逆に私が後から座る場合は、挨拶をしてもせいぜい一瞥されるだけ。しかも、この肘掛は自分のものとばかりに占領されたままです。

こうなると、先の女子学生のように〝お互いに気遣いあって気持ちよく〟というふうにはなり難く、その後の数時間は何となく居心地の悪い思いをしなければならないのです。3人がけの席なら真ん中の座席が空席になることが多く、隣の人との間に適度な距離ができ、お互いが気にならなくなるのです。

自分がいくらマナー良くふるまっても、相手のマナーが悪いということもあると思います。例えば「失礼します」と言って隣に座っても、無視されることもあるでしょう。そんな時、「どうせ無視されるのなら、もう挨拶なんかしたくない！」と思うことも正直言ってあります。でも、そこで挨拶をすることを辞めてしまったら、あの時の女子学生との居心地の良い時間と空間もなくなってしまうでしょう。

居心地の良い空間を持ったことのある人は、次もまた居心地の良い空間を作ろうとするでしょう。一番のマナー向上は一人でも多くの人が、居心地の良さを経験することだと思います。そのためにも相手をちょっと気遣う挨拶、しぐさを心がけていきたいと実感した電車の中の出来事でした。

接遇三箇条

その一、袖振り合うも多生の縁
その二、周囲を気遣う気持ちを持つ
その三、自分からし続ける

8、待てる心のゆとり

●ふところ深く待つ

最近感動したことがあります。それは人が人を「待つ」という行動をやさしさと思いやりをもって行っていたのを見たときでした。それは、若年求職者を対象としたセミナーを担当したときのことです。そのセミナーは、35歳未満の就職を希望する人が就労に必要な能力としてコミュニケーション、ビジネスマナー、職業人意識などを1週間に亘って修得するセミナーです。公開セミナーのため最年少は19歳、最高齢は35歳と年齢差はもちろん、多種多様にわたる経歴を持った方が約20名集まりました。その中に会話がスムーズにいかない吃音のある参加者（Aさん）がいたのです。

セミナーはグループ形式で運営され、グループディスカッションやグループワークも多く取り入れられています。見知らぬ人同士、グループとして話をすることはただでさえ緊張します。私はAさんが最終日までもつかどうか、グループの中で発言できているかどうかと常に気になっていました。そんな時にある光景を見たのです。発言する順番になったのですが、なかなか言葉が出ずにいるAさんを、グループメンバーが温かく見守りながら待っていたのです。

●効率重視の生活で忘れがちなゆとり

私は普段、企業や官公庁の研修を担当することが多いのですが、この時の光景は企業研修ではあまり見られないものだと思いました。最近では、企業の規模により身体障害者の雇用が義務付けられていることもあり、手話を必要とする方が参加されるようなこともあります。しかし、ほとんどが働き盛りの健常者です。そのような人々の集まりでは、できるだけ効率良く行動することが重視されます。

私は効率が重視された中にどっぷりとつかって生活をしている自分に気がつきました。道を歩いていても、駅のエスカレーターを上がっている時も、常に速く速くと急いでいます。ゆっくりと階段を下りている人がいると追い抜くのが当然とばかりに、その人の横をすり抜けていきます。私は自分が忘れている感覚を思い出しました。前職の話になりますが、航空会社の客室乗務員をしている際は、定期的に援助を必要とする乗客と触れ合っていました。車いすの方、聴覚障害の方、全盲や弱視の方など障害のある方のお世話をする機会が比較的多かったと思います。ところが、最近はあまりにも対極な世界で生活をしていたこともあり、全てにわたって効率を重視している自分が恥ずかしくなりました。

●〝急がばまわれ〟待つゆとりは相手をも変える!?

企業にとって収益をあげて存続、発展していくために効率が重視されるのは当然のことといえます。ですが、常にそればかりに目を向けていると大切なことを置き去りにしてしまうと感じます。この若年者セミナーの参加者は全員が無職です。就職活動中もしくは就職活動をこれからはじめようとしている方々です。決して精神的に余裕のある方ばかりではありません。ですが、その人たちのなんとふところの深いこと！　待ってもらっているAさんも決してあきらめずになんとかして話そう、自分の意見を伝えようと一生懸命です。

企業では即戦力が求められ、効率偏重になり過ぎると、成長に時間がかかる人や成長できない人を切り捨てるような風潮さえあるように感じることがあります。ですが、ふところ深く愛情をもって待ってくれる人がいると、いつかは成果を上げられる、成長できるものなのかも知れません。

人材育成や子育てに限らず、介護なども同様のことがいえるのではないでしょうか。介護者は、被介護者の行動が遅くてついイライラしてしまうことがあると思います。待たされているという気持ちが強すぎると、被介護者も過度に申し訳ない気持ちが募ったり、逆に開き直ったりすることがあります。しかし、ふところ深い愛情で待ってもらうと、この人のためにも頑張ろう！　と被介護者に前向きな行動が現れることがあります。その前向きさが見られるだけで介護者の苦労や疲れも吹き飛ぶものです。

最終日、皆の前で堂々と感想を述べることができたAさんの姿を見て、セミナー参加者全員が勇気と感動を与えてもらうことができました。それはAさんからみんなへの恩返しだったと思います。

接遇三箇条
その一、急がばまわれ
その二、待てる気持ちのゆとりが状況を変える
その三、待つには気持ちのゆとりが必要

9、格好いい大人

●「失礼」の一言

「都会の大人の男性は素敵だなぁ」

私がかつて学生で、埼玉県から東京の学校に通っていた時に感じていたことです。山手線内は通勤通学の人でごった返しています。そんな中で、お互いの足が引っ掛かったり、お互いが正面に向き合ってしまい行く手を阻まれたような状態になった際に良く聞いた「失礼」の一言。この言葉に、洗練された都会の大人を感じたものでした。ところが、近年では「失礼」とスマートに言う男性にはめったにお目にかかることがありません。

何も大人の男性だけではありません。老若男女、我が物顔で道を歩く人がなんとも多いこと！　新幹線の通路を譲っても「失礼」「すみません」の言葉がないのはもちろん会釈さえありません。通路をゆずりながら、自分が車掌やワゴンサービスにでも見間違えられたのかと思ってしまうほどです。

●とっさの判断をしよう

お互い様の精神がなくなったのか、自分さえよければ良いという人が増えたという話は今に始まったことではありません。「小さな親切大きなお世話」という言葉が流行ったこともありましたが、小さな親切にさえ気がつかなくなっているように感じます。親切にすることが好きだから、そうしている人とでも思われているのでしょうか。

「ここは私が道を譲ったほうがお互いに楽に通れそうだから」「自分が先にエレベーターに乗ったから操作パネルの前で操作しよう」などと、この一瞬の時をお互いが気持ち良くスムーズに過ごすために、自分はどうすると良いのかをとっさに判断して行動できるのがスマートさといえるでしょう。

公共の場で道を譲ったり、エレベーターを操作したりすることは、相手への思いやりや親切心から行うのはもちろんのこと、お互いがすがすがしく過ごすための行動とも言えます。人であふれているこの状況で、自分がどうすることがこの場ではいちばん良いのかを考えて行動した結果が、親切な行為となって表れていることもあるでしょう。

公共の場において、ちょっとしたことでさえも状況判断をして自分の行動を決めている人は、ゆずってもらったり、ゆずられたりのお互い様の行動を上手にできる人だと思います。

●紳士はいずこへ

これも私が社会人になったばかりの頃の出来事です。福岡での2週間近い宿泊訓練を終えた帰り道。荷物がたっぷりと詰め込まれた海外旅行用の大きなスーツケースを持ち運んでいました。羽田空港で荷物を受け取ってから、モノレールの階段で私は立ち往生してしまいました。スーツケースを持って長い階段をおりなければならない状況になってしまったのです。その時に初めて気がついたのですが、ここまで難なく運んでこられたことが不思議なくらい重いスーツケースでした。

エイッと両手で持ち上げて最初の踊り場までの数段をやっとの思いで下りました。帰宅ラッシュ時のこともあり、多くの人が階段を下りています。もしも、このスーツケースが手から離れて下に転がり落ちてしまったら、多くの怪我人を出してしまうに違いありません。そこで、私は人の波が行ってしまうまで、しばらく踊り場で待つことにしました。すると、ある男性が風のようにサッとあらわれたかと思うと、重いスーツケースを持って階段を下りていくではありませんか。あっけに取られながら、私もスーツケースの後をついて階段を下りました。そして、スーツケースを置くと、私がお礼の言葉を十分に伝えきらないうちに、また人ごみの中に消えていったのです。一瞬の出来事で、顔さえ良く見ることもできませんでした。

この出来事がきっかけとなり、素敵な恋が始まりました……とはなりませんでしたが、その時の感動とその人への感謝は今も忘れません。男性だから、女性だからというのではなく、大人として格好良くスマートな行動を取りたいものです。しかし、紳士といわれる人はどこへ行ってしまったのでしょうか。身だしなみは昔に比べるとお洒落になっているので、一見紳士風な人は見かけるのですが、本当の紳士がいなくなってしまったように感じます。ちょい悪もいいけど、ちょい紳士にも出会いたいものです。

接遇三箇条

その一、気持ちを声と言葉で表現する
その二、お礼には「ありがとう」
その三、迷惑をかけたら「すみません」

円滑なコミュニケーションで
素敵な関係をつくろう

10、聞く耳を持つことの大切さ

●年配者は〝聞く〟よりも〝話す〟ことの方が多くなる

「普段、部下の話をあまり聞かないのですが、相手の話を聞くことは大切であると研修を受けて実感しました」この言葉はなんとプレゼンテーション研修を受講した参加者からの印象に残る感想です。プレゼンテーションですから、話すことを主体とした研修だったのですが、この受講者は聴くことの重要性に気がついたのです。

その方は2名の部下とともに研修に参加していました。プレゼンテーション研修といっても、コンセンサス（集団合意）ワークもありました。グループメンバーで互いの考えを主張し合いながら、お互いが納得するよう、グループとしての結論を出すワークです。その上司は、初日は特に一方的に話す傾向にあり、同じ会社から来ていた部下は十分に発言ができていないような状況がありました。

私たちは年齢を重ねると、〝話を聞く〟よりも〝話す〟ことの方が多くなる傾向があるように思います。私なりになぜそうなるのかを考えたところ、3つの理由が思い浮かびました。まず1つは純粋に「話すことがたくさんある」ということです。年齢を重ねた分、人は多くの経験を積み、知識もたくさん身につけます。そこで、あふれるばかりの経験や知識があるために話が長くなってしまうということです。

2つめは「話すことに慣れてくる」ということです。若い頃は話下手で、あまり話をしなかったとしても、年齢が上になるにつれて話す機会が多くなり、次第に話すことにも慣れてくるからだと考えます。

そして、3つめの理由が最も重大だと思いますが「周囲の人が自分の話を聞いてくれるようになる」ということです。なぜ、聞いてくれるようになるのかというと、これもまた年齢が上になったからです。今までは上司の話の聞き役だった自分が、今では部下に話を聞いてもらっている立場という人もいるのではないでしょうか。

●独りよがりの凝り固まった考えに支配されないために

自分が話すばかりで、相手の話を聞かない、もしくは聞いているが受容（受け入れる、受け留めること）をしないで、聞き流していると恐ろしい状況を引き起こすことになってしまうと考えます。それは、独りよがりの凝り固まった古い考えに支配されてしまうということです。

自分の話を否定もせずに聞いてもらえて、なおかつ、一方的に話すだけの状態は、本人にしてみると大変居心地が良いでしょう。しかし、この状態に甘んじていると「気がついたら時代に取り残されていた」「周りから人がいなくなってしまった」という状況を引き起こしかねません。

●日々是アップデート也

独りよがりで凝り固まった古い考えに支配されないためにはどうしたらいいのでしょうか。「年をとると頭が固くなる」と言われます。確かに、年を重ねるにつれて、考えが確立してくるのを感じます。若い頃は色々なことを見たり聞いたり経験して、自分の中に吸収することが中心です。そうしていると次第に自分の中に核のようなものができはじめ、その核が少しずつ大きくなり、自分の考えや価値観というものがしっかりと固まってきます。それが信念となり、自分の考えとなり、仕事においても「よりどころ」のようなものになると思います。

その自分の考えやよりどころがしっかりする頃、大よそ中年期を迎える頃だと思いますが、その頃は仕事においても第一線で大いに活躍する時期だと思います。年齢でいうとおよそ40代であり、ポストで言うと課長などの中間管理職です。部下を従えて、自らの采配で、思いっきり仕事を行えるようになる年齢です。

自分の核となる考えは、ある時には自分にとって大変貴重であり、考えが確立したことにより仕事でも大きな活躍が期待できます。ただ、それには賞味期限があり、修正や更新が常々必要であるということなのではないでしょうか。

修正や更新の最たるものが、人の話を聞くことだと考えます。特に世代の違う人の考えや意見を聴くことによりアップデートが可能なのだと思います。いつまでも柔軟な時代に合った言動をとるためにも日々是アップデート也。

接遇三箇条

その一、聞くことは新しい情報を得ること
その二、聞くことは柔軟な思考を得ること
その三、聞くことは自分を進化させること

11、オープンマインドで自己紹介をしよう

●相手のふところに入る自己紹介

十八番の自己紹介がありますか？　自己紹介が上手くいくと、初対面の相手であっても早くから打ち解けあうことができます。その場に早く馴染むことができるので、上手な自己紹介は自分にとっても大きなメリットと言えるでしょう。

自己紹介をする場面といえば、会合や会議などの場面が多いと思います。人前で話すだけでも緊張するのに、ましてや初対面の人に対して行うものです。頭が真っ白になってしまい、結果、何を話したのかよくわからないものになってしまったという経験もあるでしょう。または、言いたいことがまとまらずに焦点が絞り切れてない自己紹介を聞くこともあ

るのではないでしょうか。

上手な自己紹介は、聞き手の中にスッと入り込むことができると思います。まるで1対1で対話をしているように、聞き手がその人を身近に感じることができるものです。

●自己紹介の5ポイント

どうすれば身近に感じてもらえる自己紹介ができるか、相手のふところに入る自己紹介のポイントを5つあげてみました。①相手の興味のあること（聞きたいこと）を話す。②具体的に話す。③短過ぎず、長過ぎない。④明るく大きな声で話す。⑤一人ひとりを見ながら話す。

例えば、研修を受講する際の自己紹介としましょう。同じ組織で同じ業務を担当している受講者が、全国から集まって研修に参加しています。しかし、受講者どうしは勤務先が違うために、お互いに顔を合わせるのは初めてです。そこで、自己紹介をすることになりました。

相手のふところに入る自己紹介の5ポイントと照らし合わせて考えてみましょう。①の相手の興味のあることは何でしょうか？　その人がどこに所属しているのか、日頃どんなふうに業務を行っているのかを知りたいと思うでしょう。所属する場所が違うということは、風土や環境に多少の違いがあるものです。業務の進め方が違ってくる場合もあるでしょう。その所属ならではのことを伝えると聞き手の興味関心が高まります。また、仕事以外の内容で自己紹介する場合は、多くの人が興味を持つ出身地や趣味、家族の話題を題材にすると良いでしょう。趣味の話題は飾らない自分を表現できますし、同じ趣味であった場合はお互いをより一層身近に感じるものです。

次に、興味のあることを絞り込んだら、それを具体的に話しましょう。例えば出身地を話す場合も「埼玉県です」だけではなく「夏が一番暑い埼玉県の熊谷の出身です」と話したほうが、相手の印象に残ります。しかし、具体的に話したほうがいいからと言って、話が長くなると相手の集中力が切れてしまいます。自己紹介は1～2分の長さが適当でしょう。

最後になりますが、話しているのに相手に声が届かなければ意味がありません。全員に届く大きな声で、また聞いていて心地の良い明るい声で話しましょう。そして、相手を知るためにも、一人ひとりを見ながら話すと良いでしょう。全員に届く声を出すためにも、いちばん後ろにいる人を最初に見るようにすると良いでしょう。

●緊張しないために

自分を身近に感じてくれる、興味を持ってくれるための自己紹介をしたいと思って臨んだとしても、緊張から上手く話せないということがあるかもしれません。そこで緊張対策について秘策をお伝えいたしましょう。それは、話しながら相手（聞き手）の反応を見るようにすることとです。緊張してしまうのは、自分に意識が向いているからなのです。相手から自分はどんなふうに見られているのか……、自分は上手く話せているか……と考えるとますます緊張してしまいます。

そこで逆転の発想をします。相手はどんな人なんだろう、自分の話をどんなふうに聞いてくれているのか……と相手に意識を向けてみるのです。相手の反応を見るようにすると、次第に緊張感が和らいでくるでしょう。また、相手の反応がわかるようになると、自分の話が相手にとって興味のある話かどうかもわかるようになります。聞き手は興味のある話には引きつけられて、興味のない時の意識は散漫とします。反応を知ることが、相手のふところに入る自己紹介の第一歩となるでしょう。

接遇三箇条
その一、自己紹介は相手と近づく機会である
その二、相手が興味を持つことを話す
その三、飾らない等身大の自分を見せる

12、声を相手に届けるということ

●声とエネルギー

毎年4月は新入社員研修が続きます。今年も多くの新入社員に会いました。そして、感じたことですが例年にも増して声が小さいのです。発表時はもちろんのこと、グループ内で話をする時や名刺交換をする時も声が小さくて覇気が感じられません。「声をもっと大きく出す！」と私が活を入れても、あまり変化が感じられないクラスもありました。

ここ5〜6年、新入社員は真面目で大人しいと言われています。それが声の大きさにも比例しているようです。真面目で大人しいから声が小さいのか、声が小さいから真面目で大人しいと言われるのか。厳しい就職事情や社会情勢が影響しているのか、自信のなさや委縮した感情が、そうさせているように思えてなりません。

新人の頃は、先輩たちのように仕事はできないし、社会人生活に戸惑うことも多いので、なかなか自信を持てない気持ちもわかります。ですが、自分の名前を大きな声で名乗ることくらいは簡単なことのように思うのですが、どうも彼らには難しいようです。

人はいるだけでエネルギーを発しています。動いたり、声を出したりすることにより、さらに多くのエネルギーがその人から発せられます。特に声は、エネルギーが最も反映されると思います。自信がないと声が小さくなります。体調が悪いと声が細くなります。気合いを入れる時は声を大きく出しますし、自信のあるときは声にも力が入ります。

●声から心情を察する

「おはよう」とあいさつをした際に、返ってきた相手の「おはよう」の声を聞いて〝あれ、元気ないな〟と思ったことはありませんか。また、セールスマンの声がやけにうわずっていたので警戒したり、逆に自信がなさそうに聞こえたので契約しなかったというようなこともあるでしょう。相手の声から心情を察するようなことを私たちは無意識に行っているようです。

そこで、考えていただきたいのですが、あいさつをする際に相手がさわやかな気持ちになるような声を出していますか。元気な声を届けていますか。業務指示を出す時に、相手を鼓舞するような声にしたり、落ち着かせるような声を出していますか。また、相手の声の様子から精神状態を理解してあげることもできるでしょう。緊張しているように感じたら、緊張感を解くような声をかけるのも良いでしょう。そこで間違っても「緊張するな！」とは言わないでくださいね。「落ち着け！」「落ち着くように」と望ましい状態の言葉を落ち着いた声で伝えてほしいと思います。

私が研修の際に、もっとも気を遣っているのが声の出し方です。私の声が緊張していてこわばっていると、それが受講者に伝わって緊張させてしまうからです。講師になりたての頃は、私の緊張を声に乗せて受講者に送ってしまっていたと思います。相手を緊張させてしまっていたので、私も研修を進めるのに苦労しました。

●声が与える影響

新入社員研修では、休憩の前後に全員であいさつをします。号令係を選出するのですが、その号令係の影響は甚大です。号令係の声にエネルギーがあると、あとに続く全体のあいさつが活気づきます。ところが、号令係の声にエネルギーがないと、全体のあいさつがいまひとつしまりません。声の影響をとても感じる場面です。

高い声や低い声、太い声、やわらかい声など、声にも個性があります。みんな自分だけの声を持っています。その声をきちんと相手に届けることを意識してみましょう。「おはよう」とあいさつする時や「ありがとう」とお礼を言う時に、気持ちを込めて声を出しましょう。タクシーから降りる時に気持ちを込めて「ありがとうございました」と言うと、大抵の運転手さんが後ろをふり向きます。オバマ大統領の演説が人々の気持ちを動かしたように、声には人を動かす力があるようです。「○○さんの声を聞いたら元気になった、癒された」「○○さんと話していたら勇気づけられた、励まされた」と言われたら、それも立派な接遇だと思います。

接遇三箇条

その一、声に、思いを乗せる
その二、声から心情を察する
その三、声で人を動かす

13、便利な言葉に感染していませんか

●それって、誰にとっての「大丈夫」？

時々、お参りに行く神社での出来事でした。その日は時間もあり、落ち着いてお参りをしたいと考えていました。ですから今、参拝している人が終わってから次に境内に上がろうと思い、前の方の参拝が終わるのを待っていました。私の前の参拝者は三人組です。おばあちゃん、お孫さん、そしてお孫さんのお母さんという女性三世代の参拝者でした。お孫さんはまだ5歳くらいの女の子ですから、お参りといってもほんの少しだけ手を合わせただけで、石畳の上をぴょんぴょん飛び回っています。女の子とそのお母さんはお参りを終えましたが、おばあちゃんは飛び回っているお孫さんに声をかけています。「○○ちゃん、

ちゃんとお参りしなさい。ほら、ここへきて手を合わせて拝みなさい」ところが、女の子はお構いなしにケン、ケン、パーと石畳で遊んでいます。その時に、お孫さんのお母さんにあたる人、つまりおばあちゃんの娘さんがこう言いました。「お母さん、次の人が待っているよ」次の人とは私のことです。するとおばあちゃんは「大丈夫よ」と言ったのです。「別に大丈夫よ」と言いながら、石段を降りていきました。私も「急いでいないので、ごゆっくりどうぞ」と声をかければよかったのですが、何となくその時の「大丈夫よ」という言葉の意味を考えてしまって咄嗟の声をかけそびれてしまいました。

おばあちゃんにとっては、私が一緒に参拝をしても問題はなかったので「大丈夫よ」とおっしゃったのだと思います。だけど、私からすると落ち着いてお参りをしたいと思っていましたので終わるのを待っていたのです。

同じようなことが時々あります。研修中に話をしている受講生がいたので声をかけました。「○○さん、わからないことがありますか?」と尋ねると「大丈夫です」と返ってくるのです。「わからないことがありますか?」と尋ねられたら、なければ「いえ、ありません」だと思うのです。「大丈夫」と思っているのは本人だけで、周りからは大丈夫に見えないから声をかけたのです。

●「お調べいたしますので、お待ちいただいてもよろしいでしょうか」

同じような言葉で気になるのが「よろしいでしょうか」です。丁寧な言葉遣いのように聞こえるのですが、押しつけがましい印象を与える言葉だと思います。あるお店に予約の電話をした時のことです。「予約をお願いしたいのですが」↓「はい、お日にちはいつがよろしいでしょうか」「お名前を教えていただいてもよろしいでしょうか」「お調べいたしますので、お待ちいただいてもよろしいでしょうか」

この「よろしいでしょうか」という言葉には、相手にお伺いをたてるという意味合いがあります。たとえば、禁煙席を希望していたのに喫煙席しか空いていなくて「お客さま、喫煙席でもよろしいでしょうか。喫煙席でしたらすぐにご案内できます」というような場合です。しかし、何でもかんでも「よろしいでしょうか」というのは、丁寧に話しているつもりかもしれませんが、かえって耳障りに聞こえてしまいます。予約の電話応対もお客さまの立場からすると「調べてくれなければ予約が取れないのだから、早く調べてよ」というような気持ちになります。「お調べいたしますので、少々お待ちください」がすっきりとした言い方でしょう。

店員さんとのやりとりです。「お名前をよろしいでしょうか」「ご住所をよろしいでしょうか」「いつがよろしいでしょうか」この言葉を読んでどのように感じましたか？　良く耳にする言葉だと思いましたか。ボキャブラリーが乏しいと思いましたか。「よろしいでしょうか」という便利な言葉を多用するあまり、使っている言葉が偏っていることがあります。先の言葉も以下のように言い換えてみましょう。「お名前を教えていただけますか」「ご住所もお願いします」「いつがご希望でしょうか」

言葉は伝染します。流行する新型インフルエンザではありませんが、感染力が高いので、知らないうちに感染しているということがあります。便利だけど同じ言葉ばかりを使っているというようなことを避けるためにも、自分の言葉に意識を向けてみてはいかがでしょうか。

接遇三箇条
その一、言葉に意識を向けてみる
その二、意味を考えて言葉を発する
その三、便利な言葉に毒されない

14、男女のコミュニケーションの違い

●男性からの女性部下についての相談

キャリアカウンセリング中、男性相談者から以下のような話がありました。「最近、女性の部下と仕事をする機会が増えたのですが、女性はどうも難しくて……。男であれば『こうしとけ』『これやっておけ』って簡単に言えるんですが、女性の場合は以前にえらいことになりまして」とのこと。女性の社会進出により、このような戸惑いを感じている男性の話を聞く機会が増えたように思います。

最近、興味深いテレビを見ました。タイトルは『女と男』。通常は、「男と女」と表現されることが多いのですが、その番組は「女と男」としています。そこにも何か意味があり

そうですが、ＮＨＫの番組で、３回シリーズで放映された番組です。その番組では男女の違いを脳科学や遺伝子などから解明していました。

男女には様々な違いや得手不得手があります。例えば、男女の会話。男性は問題解決型コミュニケーションで、女性は相手の感情を知ったり、自分の感情を伝えたりする調和や共感を大切にするコミュニケーションをとるそうです。その違いは、太古の時代にさかのぼります。男性は狩りをし、獲物を獲得するという目的のために仲間と会話をします。一方、女性は部族の他の女性との会話を大切にし、絆を深めるためのコミュニケーションです。より女性は人間関係に積極的とのことでした。

また、男性は結果をすぐに求め、女性は結果に至るプロセスを大事にするそうです。商談などにおいても、相手が男性顧客の場合は、最高の提案を顧客にズバリ伝える。そして、女性顧客の場合は、さまざまな提案を顧客に伝え、色々と話し合いながら最高の結論を導いていくほうが受け入れやすい傾向があるようです。

●女性と仕事をする際のポイント

先のキャリアカウンセリングの話に戻りますが、そのテレビ番組を見ていた私は、男性相談者にその旨を伝えました。女性の場合は、まずは相手との信頼関係や共感、調和を重要視しますから「あれしといて」「これしといて」だけでは、良い関係を築くことは難しいでしょう。自分が女性だから、コマヅカイ的な扱いを受けたとさえ感じてしまいます。緊急を要する場合などは、「あれしといて」「これしといて」だけでも問題はありませんが、その後のフォローや日頃の関係づくりは欠かせません。

日頃の関係づくりは、男性からするとご機嫌取りのように感じてしまうかもしれません。しかし、このご機嫌取りこそが重要で、女性からすると大切な人間関係づくりなのです。また、仕事の指示を出す際にも指示だけではなく、理由や背景を伝えたり、相手の意見を聞いたりしながら進めることを心がけると良いでしょう。

●気持ちを聴いてあげる

男性を辟易させてしまうこともある女性の結論のない会話や相談にも、時には応じていただきたいと思います。それは、「少し聞いていただきたいことがあるのですが……」や「ちょっとご相談があります」から始まることが多い会話です。ある出来事やある人の話が中心になると思うのですが、そこには話の結論がないことがあります。男性からすると「いったい何が言いたいのか」「自分に何を求めているのか」と感じるでしょう。

このような場合、何はともあれ話を良く聞いてあげることが肝心です。途中で答えを与えようと口を挟まず、女性のつらい気持ちや怒りの気持ち、戸惑った気持ちなどを聞き、共感することです。共感とは「それは大変だったね」「それは戸惑ったね」などと相手の立場になって、自分の気持ちを述べることです。

男性からすると「何か答えを出してあげよう」とか「自分ができることがあれば何かしてあげよう」と問題解決志向で捉えると思いますが、必ずしも相手が何かを期待しているとは限りません。女性からすると、聴いてもらい、共感してもらうだけでいいこともあるのです。聞いてもらうことによって気持ちがおさまったり、解決方法を見出せたりするのです。

では、女性が男性と仕事をする際に心がけることといえば〝話をする際には結論から〟ということに集約されると思います。「職場のホウレンソウ（報告・連絡・相談）は結論から話す」が基本ルールですが、これは男性脳がつくり出したルールの一つなのかもしれませんね。

接遇三箇条

その一、男女のコミュニケーションの違いは脳や遺伝子の違い

その二、男性は問題解決型コミュニケーション

その三、女性は共感型コミュニケーション

15、消防団員歴32年のタクシー運転手さん

●やはり違った消防団員の行動力！

朝晩は少しひんやりとしてきた爽やかな初秋の北上に、４泊の長い出張に出ました。駅前のビジネスホテルから山のふもとにある研修会場までタクシーで向かいます。比較的年配のタクシー運転手さんであれば研修会場の場所を知っているようですが、少し若い運転手さんになると知らない人も多いようです。初日に乗った運転手さんは会場名や目印となるスキー場を告げたのですがわかりませんでした。私も数回は行ったことがありますが、道を説明できるほど詳しくはありません。「場所がわからないようでしたら、タクシーを降りましょうか」と言ってもはっきりせずに、いつも行く道と違う方向に走り出してしま

いました。「いつもそっちの道には行かないですよ。わからなかったら無線で聞いてください」というと、ようやく車を止めて無線で場所を確認するしだいです。その後、数回場所を確認しながら向かったために、到着が予定よりも5分遅くなってしまいました。

翌日もタクシーに乗り込み運転手さんに場所を告げるとわからない様子。昨日に懲りた私はタクシーを降りたいと告げました。すると今回の運転手さんはちょっと違います。「お客さんすみません、すぐに聞きますから」と言って無線を取るのかと思いきや、サッと車の外に駆け出しました。そして客待ちをしているタクシーに駆け寄って場所を教えてもらっています。そして照れ笑いをしながらすぐに戻ってきました。「お客さんもう大丈夫です、わかりましたから。イヤー私も年に1回は行ってる所なのに、いざお客さんから言われたら度忘れしちゃいましたよ」と言いながらタクシーを運転し始めました。

●素早い状況対応

「年に1回、消防団の合宿があってね。そこで勉強するんですよ」と話し始めました。

消防団に入っていることを尋ねると「そう、もう32年もね」とのこと。〝どうりで昨日の運転手さんと違うはずだわ〟と思いました。何が違うかというと〝フットワークやコミュニケーション〟が全く違うのです。火災現場で一刻を争うような時、考えることももちろん必要ですが、考えるよりも咄嗟の行動がものをいうもの。その咄嗟の行動は日ごろの知識学習や訓練、経験が裏付けとなっていると思われます。

タクシーはお客さまを目的地まで安全で快適に、できるだけ早く運ぶことが使命です。場所が分からなかったら、素早く対応することが必要です。この消防団員歴32年の運転手さんは、目的地の場所をお客さまとやり取りしてみたがどうも分からない。わからないのなら降りるとお客さまが言っている。このような状況に素早く反応し、車を降りて他の運転手に聞いてみるという行動を起こしました。しかも、ダッシュで。

●「コミュニケーションがイイね〜」

その方は消防団に入団している魅力を「コミュニケーションがイイね〜」と話してくれ

ました。その意味は人間関係やお付き合いのことでした。スキーに行ったり、飲みに行ったりコミュニケーションを深める場があるそうです。また、何かあると助けてくれるとも話していました。

それから消防団は完全な年功序列であることを何回も口にされていました。「今の時代は実力主義のようなところもあるけど、今になってみると年功序列が良かった」としみじみ語っていたことも印象的でした。年功序列は確かに堅苦しさや息苦しさを感じたものですが、良い面もあったと思います。それは、年長者や経歴のある人を立てたり、大切にしたりすること。長く在籍しているだけが取り柄なのは困りますが、経験者から学ぶことは多くあります。

また、年功序列であるために準備など何かしなければいけない時は、考えずに下の人が行動すれば済むような単純な面もありました。そして〝年長者は後輩の面倒を見る〟というように良い循環があったように思います。実力主義の弊害として〝先輩が後輩の面倒をみない、後輩も先輩を慕わない〟と言われています。年功序列のようなしばりがあったほうが、むしろ人間関係が単純になったり、希薄にならず済むのかもしれませんね。

接遇三箇条
その一、問題解決はコミュニケーションから
その二、素早い状況判断もコミュニケーションのうち
その三、コミュニケーションの良さが結果を左右する

16、意見や感想は具体的に

●自分の考えを具体的に伝える

自分が感じたことや考えたことを具体的に相手に伝えることができますか？　思ったことや感じたことを具体的に伝えられない人が多くいる組織に見られる、ある共通点に気がつきました。そのような人が多くいる組織は沈滞ムード気味、硬直状態な組織の傾向が強いということです。硬直状態の組織であるから、意見や考えを表面的にしか言わなくなってしまったとも言えるでしょう。どうせ言ってもムダ、自分の意見などは通らず、最終的には上司の考えで動くことになるのだから……と、あきらめて言わなくなってしまったのかもしれません。

●聞き甲斐のある意見や感想とは

あなたは意見や感想を求められた時、どのように発言していますか？　例えば、プレゼンテーション研修に参加しているとしましょう。仲間の誰かがスピーチをしました。そのスピーチに対して、あなたは感想を求められています。「良かったと思います」「ちゃんと話せていたと思います」というような無味乾燥な発言になっていないでしょうか。

プレゼンテーション研修に参加しているのですから、話の組み立て方や話し方などを勉強しています。その上で、仲間のスピーチに対して感想を述べるのです。それなのに「ただ良かったと思います」「ちゃんと話せていたと思います」という感想では、味も素気もありません。

「声がしっかり出ていて、聞き取りやすかったです」「良かったと思います。話の展開がわかりやすく、○○さんの言いたいことが良く伝わってきました」など、良かったとしたら何が良かったのか、どこがどんなふうに良かったのかを具体的に伝えることが、本当に相手のためになる感想です。逆に改善点を伝えることも大切です。「視線が泳いでいたので、もっとこちらを見てほしかったです」「声が小さかったので、せっかくの話が良く聞こえませんでした」と、自分がどんなふうに感じたのかを相手のためを思って、率直に伝えることが必要です。

●あたりさわりのないことはいらない

このように人前で感想などを求められた時に、相手に遠慮してしまい、良いことしか言わなかったり、あたりさわりのない言い方をしてしまう人が多いと思います。しかし、それは本当に相手のためになっているとは言えません。相手に対して真剣に向き合うならば、良くできていることは「○○が良い」「○○していたことが素晴らしい」と具体的に伝え、改善点は「○○が残念だった」「○○するともっと聞きやすくなる」と言えるはずです。

なお、改善点を伝える場合の言い方としては、「良く聞こえませんでした」「発声がダメでした」という言い方ではなく、「声がこもっていたので、しっかりと聞き取ることができませんでした」「言葉がはっきりしなかったので、聞き取りにくく感じました」「発声が良くなるともっと聞きやすくなると思います」という表現が良いでしょう。具体的に伝えることと、次からどうすればいいのかが相手にわかるように伝えることがポイントとなります。

●発言しやすい環境をつくろう

相手のためを思い、組織のことを思うからこそ、発言が具体的になります。また、真剣に向き合っているから、発言もあたりさわりのないものから明確なものになってくるのです。そして、発言しやすい環境づくりも重要です。せっかく勇気を持って発言したのにないがしろにされてしまったり、そんな意見は上司が絶対に受け入れてくれないからという理由などで、却下されたりすることを防がなければなりません。

比較的意見を述べる私が、意見を控えてしまったことがあります。それはある組織に所属していた時のことです。そこはトップダウンでものごとが進められている組織でした。意見や考えを聞き入れようとする姿勢はあるものの、トップの考えと合わない発言をする人は反逆児的に見られてしまうような組織でした。こうして、あたりさわりのない意見しか出ないようになり、ますます組織は硬直化していきました。
このような悪循環を防ぐ第一歩として、出てきた意見や考えを大切にする環境づくり、そして発言は具体的にすることを心がけたいものです。

接遇三箇条

その一、意見や感想は具体的に伝える
その二、周囲に受け入れられる方法で表現する
その三、意見や感想を受け入れる環境をつくる

17、住民に向き合った応対をしよう

先日、確認したいことがあり、ある企業に電話をしました。検定試験の受験ガイドについての問い合わせです。「3級」と「1・2級」の受験ガイドがありますが、それぞれの名称が若干違っているのです。そこで、同じ検定試験の受験ガイドであるかどうかを問い合わせしました。結果、受験ガイドの名称は違っていましたが、同じ検定試験であることがわかりました。

確認したいことはわかったのですが、その時の電話応対で気になることがありました。問い合わせに対して戦々恐々としている様子が電話口から伝わってきたのです。なぜ、そのように感じたのかをふり返りながら、電話応対のポイントをまとめてみました。

●あいづちを丁寧に打つ

1点目として、あいづちが少ないことがあげられます。電話応対の場合は、あいづちが重要です。対面で話していれば、あいづちがなくても相手の表情やうなずきから、聞いてもらっていることを実感できるでしょう。しかし、電話の場合はそうはいきません。

その時も、あいづちが所々なかったり、あいづちのタイミングがやや遅いと感じる時がありました。そのため、応対に積極性が感じられなかったのです。とくに、「○○のことを教えてもらいたいのですが……」「○○のことを聞きたいのですが……」などと、かけ手が話し出した時は、「はい」と丁寧にあいづちを入れるようにしましょう。

●誠実さや親しみやすさを声と話し方で表現する

2点目は、声の出し方や話し方です。電話の担当者は男性でした。その男性の声は落ち着いていて聞き取りやすい話し方をされていました。落ち着いて声を出すことはとても大切です。上ずったり、早口でまくしたてたりするような話し方は、避けなければなりません。その男性は、落ち着いていたのですが、親しみやすさが感じられませんでした。

何かについて問い合わせをすることは、興味関心があるからです。クレームでさえも、興味や関心があるからわざわざ時間を割いて、連絡をしてくれていると思いましょう。期待していて、今後も利用したいと考えるから、改善してほしいことや不快に感じたことなどを伝えてくれています。

今回は、「検定試験に興味関心があるから、問い合わせてくれた」もしくは「検定試験を受験することを考えているから電話で確認している」と担当者は考えることが重要です。『3級の受験ガイド』と『1・2級の受験ガイド』の名称が違うことに、言いがかりをつけてきたのではないか」などと先入観を持ってはいけません。そのような気持ちがあると、言葉のはしばしに、お客さまを拒絶したり、否定したりするような言葉や言い方が出てしまうものです。

応対時は、落ち着いて誠実な声を出しましょう。そして、応対の最後に、親しみを込めた明るい声で「お問い合わせくださいまして、ありがとうございました」「○○検定の受験をよろしくお願いいたします」などと、締めくくると良いでしょう。

●お客さまに共感する

3点目としては、共感力です。お客さまの「〇〇についてわからない」「困っている」などの気持ちを受けとめることが共感です。この場合は「『3級の受験ガイド』と『1・2級の受験ガイド』の名称が違いまして、まぎらわしくて申し訳ございません」「わかりにくくてご迷惑をおかけしております」などの言葉が、会話の早い段階で欲しいところです。お客さまは、会話の初期段階で受けとめてもらえると安心します。話がこじれたり、クレームに発展してしまう場合のほとんどが、お客さまを受けとめていないことが要因です。相手と信頼関係を築いた上で会話ができるように、電話のかけ手に共感を示しましょう。

消防関係各所にも住民からの問い合わせの電話がかかってくることでしょう。その時は、面倒くさいと思わずに消防に興味や関心を示してくれていることに心の中で感謝してみましょう。そして、住民の話を、あいづちを打ちながら傾聴し、共感を示してみましょう。きっと住民はあなたの話に素直に耳を傾けてくれることでしょう。

接遇三箇条

その一、問い合わせがあるということは興味関心があると思え
その二、逃げ腰にならずに、真摯に向き合う
その三、相手の気持ちに共感を示す

18、コミュニケーションと不祥事の関係

●コミュニケーションが悪いと不祥事につながる

「いま、どこの組織もコンプライアンスに力を入れていますが、いくらコンプライアンスの話をしても、コミュニケーションがうまく取れないと不祥事は無くならないですよね」そう話すご担当者は、研修担当になってから本格的にコミュニケーションを学んだと常々おっしゃっています。特にコーチングを学んだことが大きかったようです。「傾聴が大切ですよね。相手といい関係を築こうと思ったら、自分のことをあれこれ話すのではなく、まず相手の話を聞くことですよね」と実感を込めて話していました。相手と良い関係を築こうと思ったら、まず相手の話を聞くことが何よりも大切です。自分のことを知って

欲しいと自分のことばかり話していたら、相手と良い関係を築くことはできません。

気をつけたいのが、職場などで上の立場にある人です。上長になると、立場上話す機会が多くなっていきます。また、部下をはじめ周囲が話を聞いてくれるようになるので、おのずと話すことが多くなってしまうせいか、相手の話を聞かなくなる傾向があります。数年前より、教職員15年目の小中学校の先生に接遇マナーの研修を担当しています。研修を導入した主旨は、中堅どころのベテラン職員が不祥事を起こすことが増えているとのこと。接遇マナー研修を受講することにより、相手のことを思いやることや人とのつながりを見直して欲しいという願いが込められているようです。

●人の話を聞かない弊害

人の話を聞かないと、次第に独りよがりになってしまうでしょう。自分の考えに偏っていき、思考に柔軟性がなくなり、視野が狭くなっていくことも懸念されます。また、思わぬ気づきや発見は、人の話を聞くことによってもたらされることが多くあります。

ちまたで婚活が盛んです。相手から好かれるか好かれないかの第一関門は相手の話をきちんと聴くことができるかどうかではないでしょうか。ただ、〝聞いているだけ〟というのはいけません。うなずきやあいづちはもちろん、相手の話を受けとめて展開させていけるかどうかなども重要です。

入社して6年目、添乗回数が600回を超えたツアーコンダクターの方の新聞記事を拝見しました。お客さま応対で心がけていることは、〝相手の気持ちを受けとめること〟と書かれていました。以下、新聞記事より抜粋。

> 女性客から「遊覧船に乗りたい」と相談を受けた。しかし、あいにくの雨で出航できなさそう。こういう時はすぐに返事をしない。「難しいかもしれませんが、少しお待ちください」現地のガイドのもとに小走りで向かって確認。それから「残念ですが、やはり難しいようです」と伝えると、気持ち良く納得してくれた。まずは思いを受けとめる。手間は惜しまない。

このツアーコンダクターの方は、まさに受容を実践されていると思います。接客業から学ばれた素晴らしい心がけです。この関係をお客さま応対や職場での人間関係、友達との関係にも広げていくと、コミュニケーションがさらに円滑になると思います。

●受けとめ合える関係づくり

今年の4月、八王子でバスの運転手が中学3年の男子学生に刺される事件がありました。「友達からばかにされた。みんなを見返すため、バスの立てこもりをやろうと思った」と少年は事件を起こした理由を話しています。事件を起こしてしまった背景に受けとめあえる関係の希薄を感じました。たとえ、その友達からばかにされたとしても、家族や別な友達と受けとめ合える関係を築いていたならば、そこまで追いつめられることはなかったのではないかと思います。

コミュニケーションの最も重要で難しいことは、言葉や態度に表さないと伝わらないということだと思います。いくら相手のことを考えていても、思っていても言葉に出して、または行動におこさないと相手には伝わりません。職場の不祥事をなくす第一歩として、自分から相手に関心を持って、相手の話を聴いてみることをはじめてみませんか。

接遇三箇条

その一、お互いを受けとめ合える関係を築く
その二、受けとめるためには傾聴を心がける
その三、気持ちは言葉や態度で表現する

19、〝ムリ〟〝できない〟と言わない

●職場風土が言葉に表れる

研修のためにある会社に伺いました。研修前に担当者と打ち合わせをしている時のことです。名簿をいただいた際に、グループ分けのことが気になりました。「グループ分けはなされていますか」と、伺うと「えーと、グループ分けはしておりません」との返答です。「そうですか。グループで進めたいので、グループ分けをしたいのですが……」と私が戸惑っていると、きっぱりとこう言われたのです。「グループ分けは、もうできません。今からはムリです！」この担当者には、これ以上の相談はできないとあきらめました。

その日は入社4年目の社員へのコミュニケーションの研修でした。職場での円滑なコ

ミュニケーションについてロールプレイングを行っている時に、今度は受講者が「ムリです。それはできません」と同じように言い放つのです。担当者は50代の方でしたが、20代の社員も全く同じように言っていました。

●そこから思考が停止する

『脳に悪い7つの習慣』の著書である脳神経外科医の林教授は、「医師が〝できない〟〝難しい〟という言葉を使わなくなったら、患者を救済する確率が圧倒的にあがった」と言っています。また、林教授は、北京オリンピックやロンドンオリンピックで大活躍した北島康介選手ら日本競泳陣に対して、脳の使い方を伝授された方でもあります。否定的な言葉を決して吐かず、結果を出していた北島選手の脳力を称賛されていました。

私たちはふだん、何気なく自分を否定する言葉や、〝できない〟〝ムリ〟〝難しい〟という言葉をつかっていることがあります。キャリアカウンセリングのクライアントさんにも「私には、無理」「それはムリ」と言っている人ほど、なかなか仕事が決まりません。否定的な言葉を言いながら、自分の思考にストップをかけてしまっているのだと思います。「私には、ムリ、できない」と言っていたら、できるはずはありません。本人がそう言っているのですから。

●自分や相手には肯定的な言葉をつかう

無意識に否定的な言葉をつかっていることがわかったら、今度は意識的に肯定的な言葉をつかうようにしましょう。「私はできる、やれる」「必ず解決策がみつかる」「なんとしても助ける」と自分を鼓舞するように言ってみるのです。また、相手から相談を受けた際などにも、すぐに〝できない〟〝難しい〟というのをやめましょう。代りに、〝良い案が見つかるように検討してみます〟と言ってみるのです。思考は、良い案を見つけるために活動を始めるでしょう。

それから、最近では〝祈り〟に対する効果も言われ始めています。「なんとか、次の試験に合格しますように……」「どうか、上手くいきますように……」と私たちは言ったり、心の中で唱えたり、神社で手を合わせます。アメリカにある心臓研究所で実験が行われました。他の人から常に祈ってもらっている患者は、たとえ祈ってもらっていることを知らなくても、悪化することが少なく回復も早いという結果が出たそうです。私たちが太古より行っているお祈りは、効果があるから続けられてきたのだとあらためて実感しました。

私たちが良く人にかける言葉に「お大事に」「気をつけて」があります。そのようなプラスの言葉をかけてもらうと人は嬉しくなります。これも一種のお祈りのようなものだと思います。また、コップに注いでもらったジュースを運ぶ子供に、お母さんが「沢山入っているから、こぼさないように運びなさい」と言うと、子供はこぼしてしまうものです。「ゆっくり運びなさい」「注意しなさい」と声をかけると、ゆっくり運ぶことや注意することに意識が向きます。

人と接するときにも、意識してプラスの言葉をかけるようにしてみましょう。「〇〇さんに会ったら元気になった」「話していたら、元気が出てきた」と言われたら、それも立派な接遇です。「健康にお過ごしください」「気をつけてお帰りください」などのプラスの言葉が、相手もあなたも元気にしてくれるでしょう。

接遇三箇条

その一、〝ムリ〟〝できない〟と言わない
その二、自分を否定する言葉を言わない
その三、肯定的な言葉を意識的に言う

20、それって、ハラスメントになっていませんか

●それって、セクハラ！　と思われていませんか

ハラスメントは主に「セクシャルハラスメント」「パワーハラスメント」などと使用されています。意味は〝嫌がらせ・いじめ〟です。学校ではいじめによる自殺が問題になっています。職場ではセクハラ、パワハラにより退職を余儀なくされたり、メンタル（精神的）の病気になって休職したり、ひどい場合は自殺をしてしまうケースもあります。

近年、ハラスメントに関するご相談や研修が増えてきました。セクハラやパワハラは昔からあったことだと思いますが、平成9年に「*職場環境配慮義務」が制定されたことも大いに影響していると思います（**＊職場環境配慮義務**：使用者は、労働者に対し、労働者

にとって働きやすい職場環境を保つように配慮すべき義務を負っている)。

このセクハラやパワハラですが、接遇マナーが行き届いている職場では、問題が起こりにくいと思います。それは、接遇の基本的心構えが〝相手への思いやりや配慮〟だからです。ハラスメントは相手への思いやりや心配りの欠如によって、引き起こされることが多いのです。それと同時に、価値観の変化や、偏った考え方が引き金になっていることもあります。

●初対面の相手にはプライベートすぎる質問

ある講座に受講生として参加した時の出来事です。最初に自己紹介の時間がありました。「7分間で、できるだけ多くの人と共通点を探す」ことがテーマの紹介タイムでした。以下は、ある男性とのその時の会話です。
男性「お子さんは、いますか?」
私　「子供はいないです」

男性「結婚しているの？」
私　「しているけど、子供はいません」
　その男性は、悪気はなかったことはわかりました。しかし、私は言いながら「なんでこんなこと説明しなきゃいけないの」と思っていました。「お子さんは、いますか？」と聞かれて「いません」と答えたところまでは、まだ良かったと私は思いました。それを、さらに「結婚しているの？」と突っ込まれたので、せっかくの紹介タイムが台無しになってしまいました。この男性の質問は、初対面の相手にする質問としては、プライベートでデリケートすぎる質問だったと思います。「お子さんは、いますか？」の質問で心を閉ざしてしまう人もいるでしょう。近年は、子供が欲しくてもなかなか授からなくて、苦しい思いをしている方がたくさんいます。また、子供がいないということは独身、結婚しているなら子供がいるのが当然という偏った考え方も気になりました。

●自分の感情を無視しない

パワハラのパワーは、ポジションパワーからきています。組織における制度上の地位や肩書きが持たせる力（パワー）のことを言います。上司は部下に対してポジションパワーを持っています。パワーを持っていることは事実で、変えられないことですが、使い方を間違えるとハラスメントになってしまいます。「この仕事ができないのだったら、辞めるしかないいね」と言ってしまうのは、パワハラです。一度、言ったくらいで訴えられるようなことはありませんが、執拗に言ったり、無視をしたり、仕事のやり方を教えない、情報を与えない、発言させないというようなこともパワハラなのです。

また、パワハラもセクハラも、言われた相手がどんなふうに感じたのかがポイントになります。感じ方は人によって、違いがあります。「自分はこのくらい平気」と思っていても、相手が平気でなければハラスメントになってしまうのです。

「自分は平気」と思っている人も、初めて言われた時はもしかしたら平気ではなかったかもしれません。言われ続けるうちに、自分の感情を無視し続けた結果、大丈夫になってしまった可能性もあると思います。素直な自分の気持ちに正直になることが、相手への思いやりや配慮の第一歩のように思います。

接遇三箇条

その一、初対面の相手にプライベートなことを聞かない
その二、自分の価値基準だけで判断しない
その三、自分の感情を大切にする

接遇を
生活にとりいれよう

21、接遇が不要な職業はありません

●消防学校での接遇トレーニング

栃木県消防学校の初任教育学生113名の皆さんへ「接遇マナー研修」を担当いたしました（2011年9月22日）。訓練も終盤をむかえ、そろそろ卒業が見えてきた9月の午後3時間をつかい、日ごろの消防訓練とは違う〝接遇マナーのトレーニング〟を行いました。配属されたら、職場や消防活動の中で住民との接遇マナーがいよいよ必要になってきます。どのくらい接遇マナーに興味関心があるのか、私も楽しみにしながら伺いました。

研修は、一糸乱れぬ挨拶とお辞儀でスタートしました。接遇マナーの5原則の一つに「挨拶とお辞儀」があります。訓練生の皆さんは、メリハリのある荘厳な挨拶とお辞儀が身に

ついていました。他の企業で、このように素晴らしい挨拶とお辞儀ができるところはそうそうありません。そうとう特訓されたことでしょう。

研修の中では場面に応じた3種類のお辞儀〝会釈・普通礼・丁寧礼〟を行います。全員で「よろしくお願いいたします」と声を出しながら、30度のお辞儀をしました。ただ、住民と接するような場面で、皆さんの勢いのある挨拶をしたら、そこにいる子供は泣くかもしれないと私は皆さんに申し上げました。

●緊急時とそうでないときのメリハリをつける

消防職員をはじめ警察官や警備員の方々は、緊急時にいかに対応できるかが求められています。そのため、〝自分には接遇マナーなんて必要ない〟と思ってしまうことがあるかもしれません。ある警備会社の警備員は、かなりハイレベルの接遇マナーが要求されています。主な業務は、テナントビルの巡回警備や配送関係の受付業務、駐車場誘導などです。その業務中に接遇マナーが実践できているかを、講師が年に一度確認しているのです。

例えば、巡回中はお客さまを優先させた動きができているか。お客さまから、場所を尋ねられた際などに丁寧にご案内できているかなどです。30項目ほどのチェック項目があり、それをどのレベルで実践できているのかの診断を受けます。しかも、診断結果が人事考課にも反映されるのです。

昔の警備員のマイナスイメージとしては、怖い、偉そう、しゃべらない……といった印象でした。それを払拭すべく、警備業界も接遇マナーに力を入れるようになりました。いや、力を入れざるを得ないといえるのが現実なのかもしれません。警備員は、テナントビルやオフィスビルをはじめ、ホテル、イベント会場、病院など、いまやあらゆる場所に配置されています。ですから、お客さまがを尋ねたり、場所を聞いたりと警備員に声をかける機会が増えています。その際に、「えっ、トイレ? 聞かれたってわからないよ」とか、「この通路をまっすぐ。そうしたら、見えてくるから」などと言われてしまったら、お客さまとしては腹立たしく思うでしょう。しかも、お客さまは警備員をその施設のスタッフとしてみなします。警備員の接遇マナーが、即刻そのビルや病院などの印象となってしまうのです。

●消防士さんの接遇マナー

緊急時に接遇マナーはさほど要求されませんが、人と人が接する場面では接遇マナーが必要です。近年、消防士さんは地域住民とのコミュニケーションがますます求められていると聞きました。消防の啓もう活動の一環であるイベントや、防災活動で住民と接する際は、接遇マナーあるふるまいをしていただきたいと思います。住民は消防士さんとのふれあいやコミュニケーションをとおして、消防の仕事への理解を深めます。話しやすく、信頼される消防士さんになってください。

また、消防の仕事はできるけど、社会人としてのマナーが身についていないと言われるようなことは避けたいものです。訓練を終えて配属されたばかりの消防士さんへのメッセージです。消防の世界の中だけで考えるのではなく、その前に一人の社会人としてのマナーを身につけた消防士さんとして活躍されることを期待いたします。

新人消防職員への接遇三箇条

その一、消防士であると同時に、一人の社会人であること

その二、緊急時以外は、接遇マナーあるふるまいを心がける

その三、消防全体のマナーは、一人の職員のマナーで決まる

22、救急現場における接遇

●救急隊員に求められる接遇

2012年3月19日、埼玉県救急隊員研修会にて「救急現場における接遇」の講演をさせていただきました。鴻巣市にあるホールに埼玉県内の救急隊員の方をはじめ、医療関係者が約400名お集まりになった研修会でした。

私が担当した「救急現場における接遇」では、市民が救急隊員に期待することや日頃の業務の中で接遇が必要な場面を確認しました。今はどんな職業でもお客さまや取引先への親切で丁寧な応対は必須です。〝公務員だから接遇は必要ない〟とか、〝消防職員には接遇はいらない〟と考えているようなことがあれば、ただちに考えを改める必要があるでしょう。

緊急事態においても、親切丁寧、手際の良い迅速な応対が求められます。傷病人やご家族は、救急隊員から親切にしてもらえるのが当然だと考えています。なぜなら、救急隊員の方は医療関係者と見られているからです。今はどこの医療施設も患者接遇に力を入れています。また、お客さまなどサービスを受ける側は〝親切丁寧に接してもらうのがあたり前〟という意識が高まっています。このような時代変化を認識して、私たちは業務を行わなければなりません。

●接遇が必要な場面

救急現場における市民への応対が良くないためにクレームやトラブルに発展してしまうケースがあります。その多くは「救急車要請場所への到着時」や「観察・病院選定時」に起こっています。また、119番通報時の電話応対が悪かったために、現場にかけつけた救急隊員がクレームを言われたり「もう結構だから帰ってくれ」などと追い返されたりすることもあるようです。

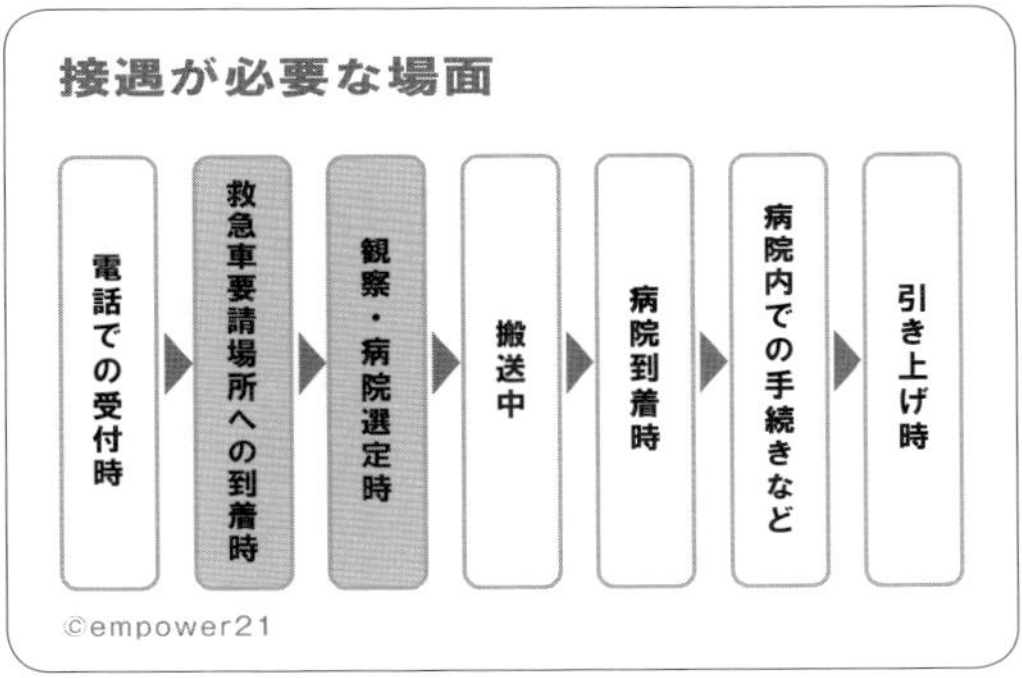

また、救急隊員が現場に到着し、病状を伺うと「さっき電話であんなに詳しく説明したのに、なぜまた同じことを聞くの！」と住民から言われてしまうことがあるそうです。119番通報時に市民から聞いたことは、本来は救急隊員にしっかりと引き継ぐべき事項です。ところが、引き継ぎが十分ではないと何度も同じことを聞くことになり、市民の気分を害することになってしまいます。

講演会では、市民からこのような苦情を受けた場合の適切な応対方法を考えました。同じことを何度も聞いてしまったために苦情があった際の応対は以下のようにお詫びと事情をお伝えすることが大切です。「こちらの引き継ぎが悪く、申し訳ございません。お電話では病院を選定するために状況を詳しく伺いました。何度もお話しいただくことになり申し訳ございませんが、適切な対応をさせていただきたいので再度病状をお聞かせくださいませんか。よろしくお願いいたします」

●言葉遣いはどこまで丁寧に？

「救急隊員の言葉遣いはどこまで丁寧にすればいいのか？」なる質問を受けました。言葉遣いは敬語を遣うことが基本です。今は社会人になったらビジネスマナーを習得することがあたり前です。ですから、市民サービスを担う者として丁寧な話し方や相手に失礼のない話し方は当然身につけておかなければなりません。

また、敬語遣いを含めて接遇をすぐに身につけるための何か良い方法はないか、との質問がありました。それに対しては、日頃の人に対する言葉遣いや接し方が大切だと申し上げました。人間はそんなに器用ではないと思うので、日常でやっている行動が、お客さま応対でも出てしまうと思います。敬語遣いをはじめ接遇を確実に行うためには、日々の同僚や知人、家族などと接する場面においても、親切丁寧を心がけることではないでしょうか。接遇マナーの習得も日頃の積み重ねがものを言うと思います。

救急隊員が求められる接遇三箇条
その一、救急現場においても接遇ある言動をする
その二、敬語遣いを基本とする
その三、電話等で通報者から聞いた情報を確実に引き継ぐ

23、そこで働く人がお客さまを創る

●〝慣れ合い〟にならずに〝慣れ合う〟

常連のお客さまや仕事上で良く接する人との距離感を考えたことはありますか。距離感は、相手への接し方です。何度も会っている常連のお客さまに、まるで初めて会ったように挨拶をしたら違和感を与えてしまうでしょう。定期的に何回か会っていると、あいさつの仕方もかわってくるものです。たとえば、初めての場合は「いらっしゃいませ」とやわらかい表情で丁寧に声をかけます。次第に二度三度と足を運んでくださるお客さまには、親しみを込めて「いらっしゃいませ。いつもありがとうございます」「本日もお越しくださいましてありがとうございます」と変化するのが自然です。職場であれば、定期的にく

る営業担当者に「いらっしゃいませ。こんにちは」「今日もお疲れさまです」などと声をかけていると思います。

地方の企業研修に行くとこのような声を聞くことが多くあります。「うちは常連のお客さまが多いし、もう長く付き合っているお客さまばかりだから、敬語なんかで話すことはないですよ」きっと言葉遣いだけではなく、あいさつや立ち居振る舞いまでも普段仕様になっていることが予想されます。

ここで注意したいことがあります。それは、いつでもどんな時にも普段仕様の応対になっていないかどうかです。契約やサービスの説明をする際でも、まるで世間話をしているように会話をしていては困ります。お客さまは常連さんであってもお客さまです。どこかで自分なりにメリハリをつけないと、すべてがナアナアになってしまうでしょう。

私は気に入ったお店には長く通います。美容院とエステ店には10年以上通い続けています。担当の美容師さんは、毎回「いつもありがとうございます」と外に出て、丁寧にお見送りをしてくれます。10年間欠かすことなく継続しています。美容師さんなりにけじめとして実行されているように思います。

エステ店では、担当していただくスタッフの方は、施術が上手で、仕事に前向きな方にお願いしたいと思っています。10年通っているので、スタッフの転勤や退職もあり、いまお世話になっている方は2～3人目のスタッフです。最近、3人目のスタッフがやや慣れ合いになっているように感じるために、別なスタッフをお願いしています。なぜそう感じたかというと、「このお客さまのために気持ちを込めてサービスをしよう」という気持ちが施術から感じられなかったからです。お客さまとの付き合いが長くなるとおきやすくなる気持ちの緩みの表れでしょう。私も長年お世話になっているお客さまがいますので、自分自身もあらためて注意が必要だと思いました。

●お客さまは会社やあなたの鏡

お客さまにも色々な人がいます。良いお客さまもいれば、少し面倒なお客さまもいるでしょう。応対する側としては、「良いお客さままで助かった」とか「お客さまが良かったので救われた」と思うことがあります。しかし、お客さまを創っているのは、そこで働く人たちだと思います。

たとえば、「うちのお客さまはうるさい人が多くて、クレームを言う人が多い」と感じているとしましょう。もしそうであるとしたら、その会社やお店に、お客さまがクレームを言いたくなってしまう原因があるのだと思います。クレームになるようなことを平気でしていないか、「うちに来る客はうるさい客が多いから、本当にイヤになる」などと思いながら接客しているようなことがないか確認が必要です。

お客さまは、会社やそこで働く人の鏡だと思ってみましょう。社員の思いや考えが映しだされていると考えてみるのです。そういえば、クレームを言われても、素直にお詫びをしなかった……、言われたままにしていて対応していないことなどに気がつく場合もあるでしょう。良いお客さまを創るのも、悪いお客さまを創るのもそこで働く人次第です。お客さまに喜んでいただこう、気持ち良く過ごしていただこう、お客さまと良い関係を築こうと社員一人ひとりが心がけることによって、お客さまも変化してくることでしょう。

接遇三箇条

その一、親しき仲にも礼儀あり
その二、慣れ合いと親しみは別
その三、お客さまはあなたの映し鏡

24、気になったら伝えてみる

●指導者の悩みどころ

身だしなみや言葉遣いなど接遇に関する指導を悩んでいるリーダーは多いのではないでしょうか。例えば、介護施設でスタッフがご利用者にむかって「ヨシコおばあちゃん、ご飯ですよ。早くこっちにおいで」と話しているメンバーがいたら……。〝いくら仲が良いといっても、友達ではないのだから、その言い方は良くない〟と思うでしょう。そこで、メンバーに「さっきのヨシコさんへの言い方だけど」と問いただすと「自分たちは仲が良いので、その言い方でフツウです。特にそれで問題はないと思いますけど」との返答が返ってきました。あなたが指導者ならどうしますか。

「確かに仲良くやっていそうだし、ヨシコさんも嫌がっている様子も見えないから、まっいいか」と思いますか。それとも「いくら仲が良いとは言っても、ご利用者であるお客さまにその口のきき方はいかがなものか。その言い方を聞いた他のご利用者も気分を害されるかもしれない」と思いますか。

指導者から、指導の必要性を感じながらも、ためらってしまという話を聞きます。ある病院の患者さんからの投書にこのようなクレームがありました。若いスタッフが年配の患者さんに対して、タメ口を聞いていたそうです。「自分がタメ口を聞かれたわけではないけど、聞いていたこちらの腹が立った！」と書いてありました。

●自分の感覚を大切にする

特に若い世代は、敬語遣いは人との間に距離を感じてしまうと思う人もいるようです。以前、20代の男性が敬語を知らないからという理由で、職場の上司に促されてビジネスマナーの研修に参加しました。研修中の会話で気になることもないし、敬語遣いについて確認しても特段問題はありませんでした。そこで、なぜビジネスマナーの研修に参加することになったのかを尋ねてみました。すると、その若い男性は、社長など上司と一緒に仕事をしたり、食事をする機会が多いが、その時に敬語をほとんど遣っていなかったというのです。理由を聞くと、敬語で話すとその人との間に距離を感じてしまい、親しく話ができないからということでした。

しかし、年配者はそのようには考えません。時代背景からも、自分が若いころは年配者と話をする時には敬語で話していたに違いありません。また、大人になってからは、オフィシャルな場面では敬語で話したり、話しかけられたりしていたことでしょう。敬語で話されることが当然だったのに、介護施設の例のように、この年になって、60才近くも年下の子から、タメ口をきかれたとしたらどのような気持ちになるでしょうか。その気持ちは、若い人には想像しがたいことなのだと思います。ですから、年配者の気持ちがわかる、年配者に近い存在の指導者がその気持ちを代弁する必要があると思うのです。

指導者は〝自分の感覚が古いのかな〟と思うことがあるかもしれません。しかし、その年齢だからわかることや、感じることがあると思います。ですから、指導者としては、自分が感じたことはメンバーに伝える必要があるのはないでしょうか。「そんな口のきき方はダメじゃない」といきなり叱る前に「自分としてはこんなふうに思うけど……」と感じたことを伝えてみることをお勧めします。リーダーの考えを聞いたメンバーは、自分なりに考え始めるようになるでしょう。

●時代とともに変化する接遇

今は敬語遣いが求められる社会ですが、何十年か後には敬語遣いのない世界になっているかもしれません。「言葉は生きもの」と言われているので、時代とともに変化しています。言葉遣い以外の接遇も、昔と比べて変化しているものもあります。例えば、時代劇では、身分の高い人と会話をする時は、お辞儀をしたまま会話をしているシーンがあります。しかし、今は立場に関係なくアイコンタクトを取ることが一般的です。

今までもそうであったように、これからも言葉遣いや話し方も時代とともに変化していくのでしょう。その時に大切なことは、良いものは残しながら、時代に合わせていくことだと思います。相手を敬ったり、思いやる気持ちや考え方を残しておけば、どのような変化があろうとも間違うことはないでしょう。

接遇三箇条

その一、接遇で気になったことがあれば、気にとめておく
その二、なぜ、気になったのかを自分なりに考える
その三、自分の考えたことや感じたことをメンバーに伝えてみる

25、接遇ある所に不祥事はなし

●空気が澄んでいた職場

警備員を街で見かけることが多くなりました。店内で、駐車場で、ビルの出入り口などで良く出会います。警備員は、その名の通り〝警備〟が主な仕事です。お店に不審者が入らないように、安全に過ごせるように、そこにいる人の安全を守るのが仕事です。しかし、安全管理をしていればいいのかというとそうではありません。警備員の担当する場所によっては、かなり高い接遇マナーが求められているのです。例えばテナントビルや病院。そこはお客さまや患者さんが大勢います。場所や道を聞かれる機会も多くあります。その時には警備員でありながらも、サービス要員として丁寧な説明やご案内が必要なのです。

先日、警備員の接遇マナー向上のための指導を担当する機会がありました。警備の仕事は搬入口における受付業務、駐車場誘導やビル内外の巡回があります。警備員が警備業務を担当する際、私もそばに一緒にいます。そして、接遇マナーの指導をしながら接遇の診断を行います。その企業では、この接遇診断が昇格にまで考慮されています。

整理整頓された警備室。明るくさわやかに交わされる挨拶。所定の場所にきれいに並べられている帽子や靴。私たち講師が靴を脱いだり、履いたりするたびに靴をきれいにそろえてくれます。巡回に出る時は帽子をかぶって正装です。制服をきちんと着こなし、鏡を見ながら帽子をまっすぐにかぶります。ポケットから取り出された手袋は、きれいに折りたたまれていました。また、接遇指導は一人ひとり行われますが、警備員が指導を受けている時、所長さんもその指導を聞いてメモをされていました。

●人を大切にすることは自分を大切にすること

明るく交わされる挨拶やしっかりとしたホウレンソウ（報告・連絡・相談）。きちんと折りたたまれた白い手袋。所長さん自らも、部下とともにメモを取る姿。このようにあたりまえのことができている職場を拝見して思いました。「このような職場には、不祥事の種が入り込まないだろう」ということです。それと同時にこれこそが接遇の根底にある〝お互いを尊重すること〟だと思いました。

接遇とは〝遇する〟という言葉が入っているように、相手を〝もてなす〟という意味があります。「お客さまを遇する」などのように、接遇はお客さまに対して行われるものと考えられがちです。しかし、お客さまだけではありません。職場の同僚やビル内で働いている全ての人にもあてはまることです。

「自分は気にならないから、職場は汚くても別に大丈夫」「多少、制服が汚れていたって、帽子が曲がっていたって、自分は気にしないから……」という考えは、自分本位の考え方です。そうではなく、相手がそれを見てどんな気分になるかを考える、それがまさに接遇です。また、相手を尊重するためには、まずは自分を大切にすることが重要です。自分を大切にできないのに、人を尊重することはできないからです。

自らが行う身のたしなみや整理整頓が、相手のためにも自分のためにもなっていると思います。「挨拶は相手にするものだけど、自分のためにしているものでもある。さわやかな挨拶をすると自分の気分が良い」とある人が話していたことを思い出します。

セクシャルハラスメントやパワーハラスメントも社会問題の一つです。これも根底は、自分や他人を思いやる心の欠如から起こってしまう問題です。「このくらいのことを言われても自分は別に平気」という自分を大切にしていない考えが、セクハラやパワハラを引き起こしているように思います。

大きな問題が起こってしまう前に、日頃の何気ないあたりまえの行動を見直してみることが大切だと思います。職場の不祥事や問題の種をつくらないためには、お互いの目と目を合わせた挨拶や丁寧な言葉遣いなど、あたりまえのことを丁寧に行うことが何よりも大切だと感じています。

接遇三箇条

その一、あたりまえのことを丁寧に行うことも接遇
その二、接遇は身近な人へのおもてなしから
その三、接遇は相手も自分も幸せにする

26、乗客の緊張をとくやさしい声かけ

●緊張する路線バス

バスの乗り方って難しいとつくづく思います。ここのところ仕事で路線バスに乗ることが多いのですが、乗車の度にバスの仕様が少しずつ違うのです。例えば、乗車の場面では「前のドアからの乗車、後ろのドアからの乗車」「運賃前払い、運賃後払い」「整理券がある、整理券がない」というような具合です。その路線に乗り慣れない乗客としてはかなり緊張します。

この緊張は乗車する前から既に始まっています。初めて乗る路線の場合、まずバス乗り場を探すことが一苦労です。たくさんあるバス乗り場から、自分が乗りたい路線を探し出

さなければなりません。このバス乗り場から乗車して本当に間違いなく目的の場所に着けるのか、何度も停留所の案内を確認しますが、停留所の案内もまちまちです。路線が詳しく書かれているものもあれば、時間しか書かれていないものもあり、まったく統一、整備されていません。それでも今はインターネットがあるので、バス停の地図や時刻表などが手に入り、かなり助かっていますが。

乗車の際に〝聞くのは一時の恥〟とばかりに運転手さんに「○○に行きますか?」と尋ねると、マイクを通しただみ声で「行きますよ」とぶっきらぼうに言われることも度々です。「やれやれ間違いなく目的のバスに乗れた」と安堵するのも束の間で、次は降車の停留所を見過ごさないようにしなければなりません。そして最後の関所が降車です。整理券がないような場合は、自分はいくらを払えばいいのか、近眼の目で運賃表を何度も見つめます。いよいよ降車する停留所に到着しました。小銭を持って運転手さんの所に行きます。あらかじめ小銭を用意していてもスムーズに支払えるとは限りません。料金箱の支払い形態が様々なのです。規定の料金より多く入れた場合はお釣りが出てくるものもあれば、ちょうどの金額がない時は両替をしなければならない場合があると思います。ここで思いますとあいまいな言い方になっているのは、降りるときはいつも軽いパニック状態なので、どのようなシステムになっているのかをきちんと把握できていないのです。

料金１７０円を払わなければなりませんが、１００円玉が２枚しかありません。既に心臓は高鳴っています。その時「カード使えます」という文字が目に入ってきました。すかさず「カード使えますか？」と聞くと、使えるとのことだったのでスイカ（ＪＲが発行している電子マネー）をコートのポケットから出しました。するとと使えるカードはスイカではなくバス共通カード。また１００円玉を取り出し、はて料金箱に入れてもいいのか、先に両替をしなければいけないのかと立ち往生してしまいました。

他の乗客は「何をもたもたしているのか、早くしてくれないか」と思っているでしょうし、バスの後続車は「バスはいったいいつまで止まっているんだ、早く動いてくれ」と思っていることでしょう。背中にみんなの冷たい視線を感じながら、逃げるようにしてバスを飛び降ります。

●運転手の声かけが雰囲気を良くする

バスと違って乗車の仕方がほぼ統一されているのが電車だと思います。地方に行くと無人の駅があったり、降車は1ヶ所のドアからのみという路線もありますが、乗り方にほとんど戸惑うことはありません。自分がどの駅から、どの駅まで行きたいということが分かっていれば料金も明確です。切符も事前に買えるので、支払いにモタつくこともありません。しかし、バスは会社や路線により統一されていないため、乗客は利用の度に戸惑いと緊張を強いられます。電子マネーの普及により、支払いに関するわずらわしさからかなり解放されてきましたが、それでもまだまだわかりづらいと思います。

最後に、またさっきのバスの降車時の話に戻ります。100円玉2枚を持ち、このお金を私はどこに入れればいいのかと、料金の箱とコインの穴の2つを見比べていると、運転手さんが優しく声をかけてくれました。「全部入れてもお釣りは出ないですよ。両替してから料金を入れてください」パニックになっている私をあおるような言い方ではなく、優しく声をかけてくれました。おかげで、間違えることなく料金を支払うことができましたし、冷たい視線を背中に感じずに降車することができました。

接遇三箇条

その一、サービスはお客さま目線で考える

その二、わかりにくさは〝声かけ〟でフォローする

その三、タイミング良くやさしく声をかける

27、その場を見守る接遇もある

●現場のパニックを防ぐには

「現場のパニックを防ぐ最善の方法は？」と聞かれたら、なんと答えますか。

先日、とても興味深い話をケアハウス（自立した生活ができるよう住宅性を強めたタイプの老人ホーム）で20年働いている叔母から聞きました。「当直の際に、なんかしらアクシデントや問題が起こる時は、決まって同じスタッフが夜勤をしている時に起こるのよ」

認知症の入居者をお世話しているケアハウスですから、就寝時と言っても気が抜けません。入居者によっては、トイレがどこにあるのかを忘れてしまう人もいます。また、トイレに行ったものの、自分の部屋がわからなくなってしまう人。部屋に戻ってきたら、誰かが自分のベッドに寝ていたと言って、ケンカになってしまうこともあるそうです。

なぜ、問題が起こる時は、大抵同じスタッフが当直の時なのでしょう。その話を聞いた時に、私はあることを思い出しました。それは、客室乗務員時代です。やはりそこでも、ノーマルフライトで何事もなく業務が終わる人と、イレギュラーフライトにあたることが多い人がいました。イレギュラーフライトは、天候によるものもあれば、お客さまから怒鳴られたというものまであります。天候によるものは避けられないとしても、お客さまとのトラブルには共通点があるように思いました。

●自分の気持ちが周りに伝染する

お客さまとのトラブルが起こる時というのは、決まって客室乗務員に余裕がない時です。満席のお客さまを応対していて忙しくピリピリとしていたり、出発が遅れていて気持ちがあせっているような時に限って、問題が起こります。

「黙って見守っていてあげるのよ。必要な時には手を差し伸べるけど、あれこれと口を出さずに、見守っていることが大切」とは、叔母の言葉です。

自分が当直の時に限って、何かアクシデントが起こることが多いとなれば、問題が起こらないように、いっそう神経をとがらせることになるでしょう。「○○さん、ちゃんとして下さいね。」「○○さん、間違わないでください。」あれはダメ、これはこうする……と、口うるさく言ったり、あれこれ手を焼いたりしてしまいがちです。そして、そのスタッフのピリピリとした気持ちが、入居者に伝わり、ケアハウス全体にまん延していくのだと思います。

●「私がいるから大丈夫、安心して」

現場のパニックを防ぐ最善の方法は？「私がいるから大丈夫、安心して」の気構えだと私は思います。ケアハウスのスタッフも、口うるさく言う前に心の中でこんな風に気構えるといいのではないでしょうか。「みんな安心して、おやすみ下さい。何かあったとしても、心配しなくていいですよ。その時は、私がすぐに援助しますから。」こうやってスタッフが温かく大きな心でどっしりと構えていてくれたら、入居者の人の気持ちも穏やかになるではないでしょうか。

私が客室乗務員時代に心がけていたことはあわてないことでした。航空会社に求められていることは「安全性」「定時性」「快適性」です。その3つが損なわれている時ほど落ち着くようにしていました。

たとえば「定時性」が損なわれることがしばしばありました。「急がなければ」という気持ちを持ちつつも、表面上は穏やかに、あわてずに、落ち着いて行動していたことを思い出しました。もし、客室乗務員がピリピリしていたり、大きく揺れているからといって不安がっていたら、どうでしょう。客室乗務員のピリピリや不安がお客様に伝染して、3つ目の「快適性」が保たれないことでしょう。

街中で自転車に乗った警察官を見かけるだけで安心します。火災現場に、消防車や消防士さんを見つけるととりあえずは安心します。「私がいるからもう大丈夫、みんな安心してください。」の心意気で、これからも街も私たちの気持ちも守っていただくことを期待しています。

接遇三箇条
その一、あなたの気持ちが場をつくる
その二、気持ちは伝染する
その三、見守る余裕を持つ

28、来客応対と訪問のマナー

●来客への歓迎の意の表し方

所属の消防署など勤務先にお客さまが訪問することがあると思います。来訪があらかじめわかっている時もあれば、約束なしで来訪されることもあるでしょう。特に注意したいのが、約束がある場合の来客応対についてです。

仕事柄、講演先や研修先に訪問することが多くあります。訪問先の多くが初めて行く場所です。そのため、この場所で間違いないのか、ここで担当者と会えるのかなど、不安を抱えています。そして担当者に会って、はじめて「ここで良かったんだ」と胸をなでおろします。その際、「お待ちいたしておりました」「遠方の所、お越しいただきありがとうございます」「本日はよろしくお願いいたします」などの明るい挨拶と笑顔でお出迎えいただくと、気分も一気に盛り上がります。ところが、訪問した際、受付で名乗っても「誰、この人……、何の用件で来たの？　私、知らないけど」と言わんばかりの応対であると、気分は下降線をたどります。

東北新幹線がまだ青森駅まで開通していない雪の季節に、講演のために五所川原まで行ったことがあります。通常であれば飛行機の移動なのですが、季節がら電車移動になってしまいました。新幹線や特急電車を約4時間乗りつぎ、さらに雪道を走る路線バスに40分程乗りました。特に路線バスに乗っている際は、このバスで本当に目的地に到着できるのかと何度も不安がよぎりました。ようやく目的地に着いた頃は、既に1日の半分が過ぎています。やっとの思いで会場に到着しましたが、さほどのねぎらいも歓迎もなく悲しい気持ちになったことがありました。それでもこちらとしては、これからが本番です。落ち込んでいる暇などありませんが、お出迎えによって気持ちが上がったり、下がったりすることはあります。

●組織を代表して応対する

先日、打ち合わせのためにある企業を訪問しました。インターフォン越しに名乗ると、先方から「お待ちしておりました」とおっしゃっていただき嬉しい気持ちになりました。もちろん、ただ挨拶として言っているのではなく、そこに気持ちがこもっていたことは言うまでもありません。

自分がその来客と会うことになっていると、歓迎の意を表すことは比較的容易にできると思います。ところが、自分の来客でない場合、なかなか歓迎の意を表すことができないように感じます。ですが、誰が応対しても来客を親切丁寧にお迎えすることが大切です。特に、来訪があらかじめわかっている場合は、〝何時に、誰が来る〟ということを、職場メンバー全員で朝礼時などに共有しておくとよいでしょう。来客が来る時間が迫ってきたら、受付けに注意を向けておくようにします。受付けに誰もいなくて、お客さまをお待たせすることがないようにしましょう。

受付は企業の顔と言われます。受付けを担当する人は、組織を代表して来客を応対している気構えを持っていただきたいと思います。

●訪問者としての心得

訪問者としても、企業や団体、個人宅を訪問する際にマナーある言動をしたいものです。訪問した際に大切なことは、自分が誰であるのかを名乗ることと、訪問の目的を伝えることです。「私は、○○消防署の△△と申しますが、○○様いらっしゃいますか（○○様にお約束を頂戴しております）」と言いましょう。

余談ですが、電話応対で電話に出るといきなり「○○さんに代わって」と言ってくる人がいます。「恐れ入りますが、どちらさまでしょうか？」と尋ねると「取り次いでもらえばわかる」とか、「俺を知らないとは、何事だ」などと言ってくる困ったさんがいます。同じような困ったさんにならないように、自分から名乗ることが大切です。

来客応対や訪問については、自分が当事者になると、どのようなお出迎えが親切で丁寧かがわかってくると思います。経験を重ねながら、歓迎の意を表す応対を身につけてまいりましょう。

接遇三箇条

その一、来客へは歓迎の気持ちを挨拶や笑顔で伝える
その二、訪問したら名前と訪問の目的を伝える
その三、どちらも組織を代表している気持ちで応対する

29、ウクライナでの接遇マナー研修

●日本のおもてなしを海外で伝える

「ウクライナで接遇マナーの研修をやってみる気ある？」と知り合いから声をかけられたのが今年の3月。二つ返事で引き受けて、7月上旬に研修に行ってまいりました。対象者は、20代のカフェスタッフです。講師をはじめて約15年になりますが、海外での研修は初めての体験でした。

お辞儀も含めて日本と同じことをしてほしい、日本式の接遇を伝えてほしいということが先方のご要望でした。その会社はウクライナの首都であるキエフに3店舗、オデッサという黒海に面した港町に4店舗のカフェを展開しています。そのカフェであつかっている

のが「もちクリーム」という名の日本製の生菓子です。神戸から冷凍輸入して店頭販売をしたり、店内で提供しています。また、店内では京都の抹茶を飲むこともできます。カフェで提供している商品が日本製のスイーツということもあり日本の接遇をウクライナでも提供したいとオーナーは考えていました。

●人を思いやる気持ちは世界共通

接遇研修では、「挨拶とお辞儀・表情・身だしなみ・立ち居ふるまい・言葉遣いと話し方」を接遇の基本マナーとして確認します。言葉遣いと話し方は主に敬語遣いや接客話法をおこないますが、今回はさすがに言語が違うので日本と同じようにはできません。しかし、言葉遣い以外は日本でお伝えしている内容とほぼ一緒のことをお伝えし、身につけるための練習をしました。研修前、私は日本人として何をお伝えすると日本の接遇を理解してもらえるのかを考えました。悩みましたが〝日本式の接遇を伝えてほしい〟との要望だったので、いつも日本でしている研修と同じように進めることに決めました。

研修では、みんなの反応はとても良く、既に接遇の基本的考え方が身についているように思いました。聞いてみると、「社長からそうするように言われている、そうすることがスタンダードが決められている」とのことでした。そうなのです！ある程度、オーナーでもある社長が、日本のおもてなしの基本となる考え方を社員に日頃から教育されていたのです。

社長は日本をこよなく愛し、日本を数回訪問されています。その際に日本のサービスに触れて、日本人の気配りや心配りを体験されています。日本で体験されたホスピタリティで感動したことを話してくれました。東京のホテルに滞在された時のこと、ホテルからさほど離れていない場所に行く道順をホテルスタッフに尋ねたそうです。道順は地図で教えてもらいました。さらに添えられていたのがタクシーチケットでした。もし道に迷ったら、すぐにタクシーに乗り、これを運転手に渡すようにと伝えられたそうです。タクシーチケットには、次のようなメッセージが日本語で添えられていたそうです。「私は道に迷いました。○○ホテルに行きたいのでそこまで連れて行ってください」社長はその心配りに大層感激されたそうです。また、日本のサービスは、おしつけがましいところがなく、かといって放っておかれるわけではない。ほどよい距離感、絶妙なタイミング、見ていないようでいながら、きちんと相手の動きを察しているサービスをほめてくださいました。

●おもてなしは日本から世界に

ウクライナでの接遇研修の話に戻りますが、既に接遇の基本を理解しているスタッフを目の前にして困ったのは私のほうでした。そこまで社長から指導されているとしたら、私からお伝えすることはもうないのでは……との思いが頭をよぎりました。ところが、わかってはいるものの行動に移すとなると、なかなかできないのは日本と同じだったのです。

研修では、ホスピタリティの考え方、それを表現するための丁寧な立ち居ふるまいなどをトレーニングしました。特に苦労したということはありませんでしたが、日本で研修をする以上に〝なぜ、そうするのか〟の理由づけや考え方をしっかり伝えることを心がけました。日本の接遇を理解してもらうためには、日本人の考え方やものごとのとらえ方を伝えることが重要だと思ったからです。今回の体験で、日本のおもてなしは世界に受け入れられると私は確信しました。今後も機会があれば日本のおもてなしの心を世界に発信していきたいと思っています。

接遇三箇条

その一、人を思いやる気持ちは万国共通

その二、日本のおもてなしに自信を持とう

その三、日本人から世界へおもてなしを発信しよう

第一印象を高めて
自信を持とう

30、第一印象に自信がありますか?

●笑顔に自信を持とう

先日、新聞に「初対面の相手に与える第一印象に自信がありますか?」とのアンケートがありました。1032人中、〝自信がある〟と答えた人は48%で、〝自信がない〟と答えた人は52%でした。そして「何に自信があるから?」という問いに対しては、1位は表情、2位は言葉遣い、3位は動作・振る舞いでした。

また、第一印象が決定される要素を視覚情報(表情、身だしなみなどの服装、立ち居振る舞いなど、目からキャッチする情報)、聴覚情報(声、話すスピード、言葉遣いなど、耳からキャッチする情報)、言語情報(話している言葉そのもの)と分けた場合、最もキャッチする情報が多いのが視覚情報という分析結果もあります。【視覚情報から得る情報は55％、聴覚情報から得る情報は38％、言語情報から得る情報7％】

分析結果が数字で示されていますが、誰かと会う時など人は本能的に相手の顔を見るものです。その時の表情が笑っていれば好感度は高く、こわばっていると好感度は低くなってしまいます。

「第一印象に自信がないのは、何に自信がないから?」との問いの1位は容姿、2位は表情、3位は動作・振る舞いでした。この1位の容姿についてですが、容姿に自信がないのなら、なおのこと笑顔になることが大切です。笑顔は無条件に人を和ませます。ただし、にやけたような笑顔や目が笑っていない笑顔、自信のない笑顔はNGです。楽しいことや面白いことがあった時に自然に出る笑顔、その時の表情がいつでもできるようになれば十分です。

また、相手の表情や反応を気にし過ぎないことも一案です。笑顔に自信のない人は往々にして、相手の反応を気にし過ぎる傾向にあるように思います。こちらが笑顔で挨拶をしても、相手が笑ってくれないと「私のこと嫌いなのかしら……」などと思わないことが肝要です。〝きっとこの人も緊張していて、笑顔がなかなか出ないのかもしれない〟と前向きに思うようにしましょう。「お目にかかれて嬉しい」という気持ちを表現するのは、笑顔がいちばんです。笑顔であれば、出てくる声も笑声（笑った時のような明るい声）になります。明るく、さわやかな声で自分の名前を名乗ることができれば、第一印象アップは間違いないでしょう。

●笑顔が人を元気にする

自分の表情は、鏡を使わなければ見ることはできません。そこで、自信のある笑顔を相手に与えるためには、常日頃、鏡で笑顔を確認しておくことも必要です。例えば、男性であれば朝にひげをそる時にニコッ、女性であればお化粧をする時にニコッ、トイレに入った際に鏡の前でニコリ。さわやかな笑顔、素敵な笑顔がいつでも、どこでも、できているかをチェックしてください。

そしてこの笑顔チェックは思わぬ副作用があります！　それは、ニコッと笑うだけで、楽しい時に出る脳内物質が放出されるというのです。楽しくて笑った訳ではなくても、表情筋が動いて笑顔になると、脳が楽しんでいる時に出す脳内物質を出すので、気持ちも自然に明るくなるというのです。

確かに、こういうことってありませんか？　それは、あわただしく仕事をしている合間に、トイレ休憩で鏡に向かって「あともう一息、頑張るぞ！　ニコッ」と気合を入れると、リフレッシュしてまた元気が湧いてくるというようなこと。笑顔はお金のかからない最高の栄養ドリンクなのです。

また、笑顔は自分だけではなく、相手にも元気や勇気を与えることができます。こんないいことづくめの笑顔ですから、出し惜しみせずに、その効果を日々実感したいものです。そのためにも、鏡の前での笑顔トレーニングを欠かさず、笑顔に自信の持てる人になりましょう。

接遇三箇条

その一、鏡の前ではニコッと笑顔

その二、人に会う時には最高の笑顔で

その三、元気を出すのも得るのも笑顔から

31、第一印象アップのための2ステップ

●第一印象で決まる最初の出会い

春は多くの出会いがある季節です。新しい職場での出会い、新プロジェクトのメンバーとの出会い、お客さまや取引先の新しい担当者との出会いがあることでしょう。その時のあなたは、相手からどのような印象を持たれていると思いますか？

私は研修や講演で色々な場所に伺いますが、事務局の人とその日に初めてお目にかかり、その日を過ごすことも多々あります。先日、ある講演先でこんなことがありました。主催者側の一人である50代半ばの男性に名刺をお渡ししました。私は相手に近づいていき、名刺を差し出したのですが、その方は座ったまま片手でヒョイと私の名刺を受け取りました。

その時、私の中では次のような思考が頭をよぎっていました「名刺の受け方が横柄↓マナーを知らない人↓マナーが悪い人↓ビジネスの相手として不安」

あなたが抱く第一印象が悪い人というのはどのような人ですか？　横柄な態度の人、暗い人、返事がなかったり、反応がはっきりしない人に対しては、マイナスの印象を抱いてしまうのではないでしょうか。仕事に対して後ろ向きな印象、人に関心がなかったり、自分の目的以外に興味がない印象、あるいは相手より優位に立ちたいと考えているような印象を与えてしまっていると思います。中には、そもそも自分がどのように見られているのかに無頓着な方もいるでしょう。

●その場にふさわしい態度

第一印象を決める大きな要素として、私は「その場にふさわしい態度」をとることを常に意識しています。例えば、お互い初対面の人同士が集まって開かれている会議、やや厳粛な雰囲気の中、次のような自己紹介をする人に、あなたはどのような印象をもちますか？

「こんちは。自分は△△会社の○○っす。自己紹介って言っても自分は何にも紹介するようなことはないんだけど、好きなことは漫画を読むことと、TVを見ることとくらいっすね。以上！」このような自己紹介をする人に対して、その会議に出席している人が良い印象を持つことはまずないでしょう。話し方や内容がその場にふさわしいとは言えず、多くの方が違和感をもつからです。

人は、初対面の人と会うと緊張したり、不安を感じるものです。ですから、「私はあなたに危害を加えたりしない人間ですよ。あなたのビジネスパートナーとしてふさわしい人間ですよ」というメッセージを態度で表現する必要があるのです。相手を尊重し、その場にふさわしい態度をとることができれば、相手に安心感を与えることができます。この〝安心感〟があなたに対する好印象につながります。

また、第一印象によってあなたに対する期待感も変わってきます。感じがよければ期待感も高まり、あなたと一緒に仕事をしたい、今後もお付き合いを続けたいと思います。逆に印象が悪ければ、もう会う必要のない人と思われてしまうかもしれません。

●第一印象アップのための2ステップ

ステップ1。好印象を与えるために、次の要素は不可欠です。『不快感を与えない身だしなみ、笑顔、明るくハキハキとした声、アイコンタクト、まっすぐに伸びた背筋』……これらができていれば、人があなたの周りに集まってくるでしょう。相手を不安にさせないための第1ステップです。

ステップ2。相手と信頼関係を築くステップです。出会った時に感じがいいな、素敵だなと感じる方は、相手の立場を配慮した言動が取れる人です。例えば「遠いところよくお越し下さいました」とねぎらいの言葉をさりげなくかけられる人。会話をしている時、自分の話ばかりではなく相手の話も聞くことができる人。また、会話のキャッチボールができる人。仕事や趣味の話などを通じ自己開示（相手に自分を知ってもらうために自分の考えや行動などを相手に伝えること）ができる人。これらのことができればお互いに関心を持ち、相手に期待しあえる関係をつくることができるでしょう。

ステップ1は今日からすぐにできるはず。ステップ2はいつもの自分をふり返ってみて、

「できていないかも……」と思うところを行動にうつしていきましょう。あなたに対する印象が格段にアップすること間違いありません。

接遇三箇条
その一、出会いの場をさわやかにする
その二、明るい印象を心がける
その三、相手に気持ちを向ける

32、装いも新たに

●身だしなみに条例!?

今回のテーマは「装い」についてです。

お正月に着物をお召しになった方はいますか？　着物を着るだけで一気にお正月気分になりますし、着物姿を見るだけで周囲までお正月気分になるから不思議なものです。

先日、新聞記事の見出しに釘付けになりました。身だしなみに条例が制定され、ズボンを下げて下着を露出したファッションをした場合に罰金あるいは6ヶ月の禁固刑が課せられるとのこと。アメリカ・ルイジアナ州の小さな町が制定した身だしなみ条例です。「社会生活の正道を外れている」だらしない服装は犯罪をはぐくむと危惧しているそうです。

ズボンを下げて下着を露出したファッションは、日本でも時々目にする格好ですね。「下着が見える」とまではいかなくてもズボンはずり落ちて、裾は地面を引きずっています。ある美容室のオーナーの話を思い出しました。「今回は制服として2種類のズボンを用意しました。ウエストが高い位置にあるズボンと、低い位置にあるズボンです。スタイリストはウエストが低い位置にあるズボン。見習いであるアシスタントはウエストが高い位置にあるズボンをはいてもらっています。理由はウエストが低いズボンをアシスタントが履くのはまだ早いからです。自分にお客さまがつくまでは腰バキになるようなズボンは履かせられない」と話していました。

流行としてはウエストが低い位置にあるズボンがお洒落とされています。しかし、お客さまが付くまでは誤解を与えるようなファッションをしないほうが良い、自分にお客さまがつき、信頼を得られるようになったら個性的なファッションやお洒落をしても良いということを言いたかったのだと思います。

●「身だしなみ」と「お洒落」の違いとは

「身だしなみ」は身のたしなみであって、自分のためと言うよりは相手のため。そして「お洒落」は自分のためにするものです。プライベートはメイドファッションも良し、自由な自分を表現することができます。しかし仕事中の服装や髪型などは制約があります。お客さまから見てどのように見えるのかを考えなければなりません。クールビズが導入されている昨今、営業マンがお客さま先に行く際、ネクタイをした方が良いのか、しなくても良いのかと迷うこともあるでしょう。ネクタイを締めないといまひとつ気分が引き締まらないという人もいるようです。

今年も女性のブーツが大流行していますが、靴もTPOを考えないと失敗してしまいます。ある女性からこのような相談を受けました。「お客さまをお招きした会社主催のパーティがホテルであった際、ブーツを履いていたら上司からひどく怒られてしまったとのこと。ブーツはいけないのでしょうか？」ブーツは防寒靴ですから正式な場面での着用は控えます。社内の人だけで新年会をホテルの宴会場などで気楽に行う場合のブーツは問題ありません。しかし、お客さまを接待しなければいけないような場面でのブーツ着用はマナー違反となってしまいます。ファッションや流行に敏感な現代だからこそ、TPOを考えないと思わぬところで失敗してしまうでしょう。

●装い

服装などの装いを決める際に、はずせないのがTPOを考えることです。TPOのTはTIME：時／PはPLACE：場所／OはOCCASION：目的です。時間というのは単純に朝、昼、夜だけではなく、季節やオンとオフという視点でも考えたいものです。

また、「装い」を辞書で引くと服装、用意という意味の他に、風情という意味もあるようです。なるほど年末年始の街はイルミネーションや門松などで装われ、行事などの季節感を演出しています。今年もたくさんの行事や会合などがあると思いますが、自分の服装が風情をつくる、そこの雰囲気をつくるくらいの気持ちを持って、装いを考えてみるのも楽しくなりそうですね。

接遇三箇条

その一、〝おしゃれ〟は自分のため〝身だしなみ〟は相手のため

その二、身だしなみは仕事に対する姿勢が表れる

その三、身だしなみはＴＰＯ（時・場所・目的）を考える

33、表情も口ほどにものを言う

●自分で気が付いていない表情

表情については、やはりとても重要であると改めて考えさせられたことがありました。先日、ある企業で研修がありました。冒頭、自己紹介時に「キャリアカウンセリングも行っているので、もしご相談があればお受けいたします」と何気なく言いました。すると休憩中にある女性社員から、ご相談があるので、研修が終わってから10分くらい時間が欲しいとの申し出がありました。

その研修は表情などマナーの研修ではありませんでしたので、私はてっきりキャリアに関するご相談だと思って指定された場所に行きました。そして、その20代後半の女性にどのようなご相談ですかと尋ねてみました。すると、表情について相談があるというのです。「感じのよい表情はどうすればできるのですか？」という質問でした。私は即座に、「口角(口の端)を少し上げておくといいですよ」と伝えました。すると、「やはりそうですか。口元ですか」と思い当たる節があるかのようにぽつりと言いました。

しかし、その女性は私と話している最中は、素敵な笑顔でお話されています。「今、お話している時の表情は笑顔が出ていて素敵ですよ」と伝えました。すると、「話している時はいいのですが、話していない時の表情が……」と自信なく話します。詳しくは尋ねませんでしたが、どうやら黙っている時の表情について、誰かに指摘を受けたような印象でした。

●人は表情からその人を読み取る

表情は人から最も見られるところです。しかし、鏡に映さなければ、自分の表情を確認することはできません。皆さんは、自分の無表情、一人でテレビを見ていたり、本を読んでいたりしている時の表情、これといって喜怒哀楽が表れていない表情を鏡に映してみたことがありますか？　私はありますが、非常に怖い顔でした。大抵私たちは、鏡を見る時は、無意識に表情をつくっています。なぜならば、表情をつくらなければ、その自分の怖い顔を見なければならないからです。そのくらい、自分でも見るのを避けたいくらい意識していない時の表情は怖い表情なのです。

もし、その表情を職場や友達と一緒にいる時にしていたらどうでしょう。同僚や友人は、なんか怒っているのかな、機嫌悪いのかしら、と思ってしまうかもしれません。私も研修時に、話を聞いている受講者の表情を見て、「この人は、機嫌悪いのかな」「つまらなそうに聞いているように見える」と表情から推察することが良くあります。しかし、実際のところ、決して機嫌が悪かった訳ではなく、単に話に集中していただけと言う人もいます。

人は相手の表情から、感情や状態を推し測っています。ですから、自分はそんなつもりはないのに無表情だったために、相手に誤解を与えてしまったり、良くない印象を与えてしまうことが起きてしまうのでしょう。

●何気ない時の表情を意識する

電車に乗っている人や、すれ違う人の中で、意識して表情をつくっている人を時々見かけます。ご相談に来た女性社員にもお伝えしたのですが、電車などに乗った時に、人の表情を見てみることをお勧めします。大抵の方は寝ているか、無表情の方が多いのですが、中には意識してやわらかい表情をしている人もいます。特に女性に多いのですが、男性も家でボーと過ごしている時とは明らかに違う表情をしている人も多くいます。私もできるだけ、怖い無表情は避けようとして少しだけ口角を上げるように意識しています。また、気分良く過ごすためにも、あえてやわらかい表情をすることもあります。

ご相談に来た女性は、今まで自分が仕事に没頭している時の表情を意識したことがなかったのでしょう。そのため、口角が下がり気味になり、不平不満の表情になっていたようです。最近、特に気になるようになったとその女性は話していたので「これから、素敵な出会いがあるのかもしれないわね」と言うと「そうでしょうか！」と上気したように答えてくれました。

接遇三箇条

その一、自分の表情は自分で責任を持つ
その二、何気ない時の表情を意識する
その三、笑顔により自分も周囲も明るくなる

34、整理整頓も接遇マナー

●いつでも客人を迎えられますか?

『おそうじ本』と言われる本が出版されています。部屋を片付けられない人のためのおそうじのノウハウ本です。あるいは、さらにしっかりと片づけたい人のための本として売られています。先日読んだ新聞記事には、そうじ下手の人が増えた理由は客人の減少が影響しているのではと書かれていました。自宅で客人をもてなす機会が減っているために、部屋のそうじがおろそかになっている点を危惧していました。

昔は、押し売りを含めて家に訪問する人が今よりも多かったと思います。知り合いが来ると居間にあがってもらいお茶やお菓子でもてなしたものです。しかも、アポなし(約束なし）も日常茶飯事でしたから、いつ誰が来てもおもてなしができるように、おそうじをしておくことは大切なことでした。また、部屋だけではなくて人も、突然の来客に対応できるように身支度ができていることも必要でした。このように客人が来るかもしれないという状況は、私たちに常に〝おもてなし〟の意識を持たせてくれていたようです。

●客人は福をもたらす人

客人にはなぜ、おもてなしをするのでしょうか？〝客人は福をもたらす〟という理由があるそうです。商売をしている場合は、お客さまが来てくれないと商いが成り立ちません。お客さまが来てくれることは、収入にもつながります。しかし、商売以外でも、客人は福をもたらす人として考えられていたのです。考えてみると、インターネットがない時代は、情報のほとんどは人がもたらしていたと思われます。人が家に来ることは、今以上になんらかしらの活性化につながっていたのでしょう。

皆さんの職場は、突然の客人に対してもすぐにおもてなしができるように整理整頓されていますか？　いつでも迎えられる状態であれば、接遇の基本姿勢ができていると言えるでしょう。しかし、応接室がカビ臭かったり、テーブルやいすにうっすらとホコリがかかっていたとしたら……客人をもてなす姿勢が欠如していることでしょう。

また、応接室がほとんど使われないということは、それだけ客人が来ていない、人の出入りがない状況になっているのかもしれません。人とのおつき合いが減ってしまっていないか、沈滞ムードになっていないかの点検が必要でしょう。

●いつもピッカピカの消防車

私は汚れている消防車をほとんど見たことがないと思います。それは、たんに消火活動直後の消防車を見たことがないだけなのかもしれませんが、街中で見かける消防車はいつもピカピカです。同じようにタクシーや路線バスなどもきれいに手入れがされています。やはり、お客さまが乗車するからこまめに洗車をしているのでしょう。

もし、消防車がいつも汚れていたとしたらどうでしょうか？　市民としては、「きちんと手入れはされているのか、いざという時に守ってくれるのか……」と不安になると思います。そう考えると、消防車や職場も、身だしなみと一緒ですね。身だしなみは、仕事に対する姿勢が表れます。だらしがない格好をしていたら、仕事もだらしがない、いい加減な仕事をしているのではないかと見られます。

先日、仕事で宿泊した際、ビジネスホテルのない地域だったためペンションに泊まりました。夏は海水浴客でにぎわう地域なのでしょうが、季節外れの海辺のペンションでした。〝もしかしたら、お客さまは私一人だけかもしれない。お部屋がホコリっぽくなっていたり、カビ臭かったらいやだな〟とドキドキしながら向かいました。

結果は、お客さまは私を含めて意外にも3人いました。そして、おもてなしに関して点数をつけるとすると70点でした。マイナスポイントは、玄関を上がっていちばん先に履くスリッパが、スリッパ籠の中でホコリをかぶっていたことでした。本来きれいなものとは言えないスリッパが、より一層汚らしく感じられてしまいました。次に、良かった点としては、お部屋がこぎれいだったということです。部屋の空気の入れ替えもなされていました。また、お風呂の清掃が行き届いていて清潔感がありました。
整理整頓も接遇マナーです。気分良く過ごすためにも、見える部分も見えない部分も整理整頓を心がけましょう。

接遇三箇条

その一、身だしなみは仕事に対する姿勢が表れる
その二、応接室は客人に対する姿勢が表れる
その三、消防車は消防活動に対する姿勢が表れる

自分を活かす
接遇コミュニケーション

35、ときめいていますか？

●ときめきとは……

あなたはどのような時にときめきますか？

好きな人に会う時、ずっと欲しいと思っていた物が店頭に並んでいるのを見た時、会いたいと思っていた人にばったり出会った時、好みの異性に出会った時、大ヒット中の映画を見るために劇場に足を踏み入れた時、仕事が成功した時、スポーツで練習してきた成果を試す時、旅行に行く電車の中で……。

ときめくを辞書で引くと「喜びや期待などで胸がどきどきする。心がおどる。」とあります。別の言い方をすると「ワクワクする」と言えるでしょう。「ワクワクすることはじめませんか?」などというキャッチフレーズは良く耳にします。ときめきは私たちにとってなくてはならないモノのようですね。

●ときめきを探してみよう!

私は講演で良くやっていただくことがあります。それは良かったことや感動したことを探してもらうことです。昨日からこの時間までの良かったこと、嬉しかったこと、感動したことを探し出します。どのようなことでもかまいません。2分間で思いつく限りノートに書き出してもらいます。2分間でいくつくらい探せると思いますか? たいていの方は2~3個です。ところが、不思議なのですが8つくらい探せる人がどの会場にも1人いらっしゃいます。

8つ探せた方は、どのようなことにワクワクしているのでしょう。それは、昨日は久しぶりのお休みで、ゆっくりと寝ていて疲れがとれて良かったです。いいお天気で気持ちが良かったです。久しぶりに掃除ができて家の中が片付きすっきりしました。草がたくさん生えていた庭の手入れがようやくできました。主人が入院をしているのですが、お休みだったのでゆっくりとお見舞いに行くことができて良かったです。お見舞いに車で行ったのですが、帰りに夕焼けがきれいで感動しました。お夕飯で作った芋の煮っ転がしがとっても美味しかったです。そして今日はセミナーに参加できて良かったです！

この方はなんてポジティブな方なのだろうと私は感動しました。元気に明るく話すこの女性は50代中ごろの方でした。ご主人が入院されているという状況は決して平穏な状況ではありません。そのような状況であっても前向きさを失わない姿勢に脱帽いたしました。

色々な瞬間に私たちは心がおどります。ちょっとしたことでもときめくことがあります。例えば、空がきれいだとか、ランチが美味しかった、職場の誰々さんの冗談が面白かった、店員さんの笑顔が良かったなどなど、色々なところに心が躍る〝ときめき〟があります。ただ、自分の気持ちに余裕がないと〝ときめき〟は起こりません。あなたは日々の生活の中でどのくらいときめきを感じることができていますか？

●〝ときめき〟は自分次第

「なんか楽しいことないかなぁ〜」と2人組みの女子高校生が電車の中でつぶやいていました。かつての私のようだと思いました。私も高校生の時分は良くそのように思ったものでした。胸がときめくことやワクワクすることは、誰かが自分に与えてくれることだと思っていたのです。しかし、それは人から与えてもらうものではありません。自分次第なのです。自分が楽しい気持ちでいなければ、いくら目の前に〝ときめき〟やワクワクがゴロゴロしていても目には入らないし、気がつかないと思います。

人は〝ときめき〟を求めて旅に出ます。ですが、そう頻繁に旅に出ることは難しいでしょう。そうなると、日常の生活でいかにときめくことができるかが、心豊かな生活を送る鍵となると思います。ときめきやワクワクを多く感じるために、自分の気持ちを輝かせることからはじめてみませんか。そしてあなたも昨日から今現在までの良かったこと、嬉しかったこと、感動したことを探してみましょう。さぁ、いくつ探し出せるでしょうか。

接遇三箇条

その一、ときめきは自らつくる

その二、ときめくためにはゆとりを持つ

その三、ときめきは楽しい気持ちがつくり出す

36、人への思いやりは自分へかえってくる

●組織の問題は自分の問題でもある

先日、ある店舗に電話をかけました。商品が入荷次第、自宅に送ってくれると約束したのに2週間以上たっても届きません。しかも、代金だけは先に払っているにもかかわらず、2週間もほったらかしにされています。

電話口に出たスタッフに事情を話すと、「本日、Aがおりませんで……、Aでないとわからないので」とつれない返事が返ってきました。その店舗は全国展開しているチェーンの店舗で、私は10年ほどお付き合いをしています。たしかに、良く担当して下さるのは、私のお気に入りのAさんなのですが、そのAさんでないと、商品の入荷状況などが確認で

きないなんておかしな話です。購入した商品はカルテを見ればわかります。特別なものを注文したわけではありません。店舗で扱っている商品です。入荷したのか、していないのか、いつ頃入荷予定なのか、商品の状況を確認することくらい、担当のAさんでなくてもできることは明らかです。

このように、困った状況や面倒な状況になると逃げ腰な行動を取ってしまうようなことはないでしょうか。その組織にいる人の問題は、自分の問題でもあります。「私は、担当者ではないからわからない」という姿勢を取ってはいけないのは、応対の基本中の基本です。クレーム対応などでは、「私は担当ではありませんので、わかりません」「それは、○○部署のことですから、関係ありません」とは、口が裂けても言ってはいけないことなのです。

同じ消防署や消防組合はもちろんのこと、たとえ、管轄外のことで連絡が入ったときでも丁寧な対応をすることが肝心です。管轄が違ったとしても消防は消防です。市民は、管轄がどのようになっているのかなどはわかりません。ですから、逃げ腰になって、「管轄外ですからわかりません」と言ったり、面倒くさがっていい加減な対応をすることは避けなければなりません。まずは連絡をしてきた市民の話を良く聞きます。そして、その人が抱えている問題が解決できるように、アドバイスをしたり、担当の管轄を教えてあげるといいでしょう。

●ブラジル人就労者どうしの思いやり

グローバル化に伴い、海外の人材を採用する日本企業が増えています。優秀でやる気のある外国人を、日本人と同じように採用するようになってきました。また、人手不足である医療や介護などの仕事に挑戦している外国人就労者も増えています。外国人就労者は日本語やパソコン操作などを学んで現場で仕事を行います。そのパソコン教室を担当した講師から興味深い話を聞きました。

十数名の若いブラジル人がパソコン操作を学んでいたそうですが、次第にスキルに差が出てきてしまったそうです。すると、数名の受講者が、ついていくことができない受講者の横に立って、まるで講師のアシスタントのように教え始めたというのです。講師は、思いもかけなかった助っ人である数名のアシスタントに「みんな、すごいね！　ありがとう」と感動したそうです。

その話を聞いた私も大変感動しました。「自分だけわかればそれで良い、ついてこられなければそれまで」という考えがはびこっている今の世の中に、そんな素敵なことができる人がいるのだと思い知らされました。

困った人を助けないのは、めぐりめぐって自分が困ることをブラジル人就労者は知っていたのだと思います。組織にも同じようなことがあてはまると思います。それは人のことだからとか、それは他部署のことだからと言って知らん顔をするのではなく、自分のこととして受けとめることが大切だと思います。

接遇の精神は、相手を思いやる気持ちが土台です。相手を思いやることは、めぐりめぐって自分にかえってくることだと思います。ブラジル人就労者の場合で言うと、教えることによってついてこられなかった人を救うだけではなく、自分の知識を確実なものにできたのではないでしょうか。組織や同僚の問題を自分のこととして受けとめてみることで、自分に必要なメッセージやヒントを発見できるかもしれません。

接遇三箇条

その一、組織の問題は自分の問題として受けとめる
その二、自分に置き換えて考えてみる
その三、自分ができることを行動にうつす

37、言葉による心の整理整頓

●プロゴルファー石川遼選手の魅力

政治の世界では、言葉によって辞任に追い込まれたり、謝罪を余儀なくされたりする出来事がニュースを賑わすことがあります。政治の世界に限らず、言葉によって信頼をなくしてしまうような出来事もありますし、逆に言葉によって人気を得ている人もいます。代表的な人が、プロゴルファーの石川遼選手ではないでしょうか。当時はまだ17歳という年齢であったのにもかかわらず、受け答えが大人顔負けでした。

私が高校生の時にはあんな風に立派な受け答えは全くできませんでした。まず、質問をされたとしても、どんなふうに考えているのか自分でさえもわからない状態だったと思います。その後、20代になり発言をすることにも少しは慣れてきましたが、まだまだつたない発言でした。仕事柄、キャビンアテンダントは話すことを主体とする仕事ではありません。話すといっても定型的な言葉「いらっしゃいませ」「新聞いかがでしょうか」「お飲み物はいかがなさいますか」を述べることがほとんどです。ですから、今になって思うと〝話す〟ということにおいては、成長する機会が少なかったように思います。ようやく自信を持って話せるようになったのは、今の仕事をはじめてからのように感じます。

●『言葉を育てることは心を育てること』

これは元NHKアナウンサーの山根基世さんの言葉です。山根さんは「言葉の杜」という団体で子供の言葉を育てる活動に取り組んでいらっしゃるそうです。『言葉を話すことは心にあふれるものを口に出して表現するということです。ですから、言葉を育てることは、すなわち心を育てることにほかなりません』

核心を得た言葉であると思ったと同時に、私は女子高校生を思い浮かべました。街中で若い女性が「うぜぇ」「きもい」「ちょーうっとうしい」という言葉を発しているのをしばしば耳にしますが、聞いていて気持ちの良いものではありません。そのような言葉を聞きたくないので、私は電車の中などうるさい女子高校生の集団には、できるだけ近づかないように心がけています。とは言うものの、私も高校生の時分は、今ほどひどくはなかったものの汚い言葉を発しては、さらに嫌な気分を引き起こしていたことを思い出します。思春期の不安定な心そのままが言葉に表れていたのでしょう。

●心の整理整頓は言葉で行う

いわゆる〝ぶれる〟ということは、発言や行動に一貫性がないということですが、それも心が定まらないから起こってしまうことだと思います。石川遼選手はインタビューの返答で、プレイ中の自身の状態や気持ち、次回のトーナメントへの思いなどを自分の言葉でしっかりと語っています。心にあふれるものを口に出しているのでしょうが、その考え方のしっかりとしていること！　脱帽です。

試行錯誤しながらゴルフのスキルアップに励んでいると思われますが、発言にブレを感じることがないのでしっかりとした印象を与えていると感じます。また、自分の考えの軸がしっかりとしていることもあると思いますが、心が整理されているから17歳であったのにもかかわらずブレない落ち着いた受け答えができたのだと思います。

先日、コールセンター研修で、あるスタッフがこのように言いました。「日曜日の朝10時頃、お客さまに電話をかける時に〝まだ少し時間が早いかなぁ、怒られちゃうかなぁ〟と思いながら電話をすると怒られることが多くて〝あぁやっぱり怒られた〟と思ってしまいます」

スタッフの気持ちは分かりますが、電話をかける前に、まず自分の心の整理をする必要があると思います。悪いことを想像しないで、良いイメージを心に持てるような整理です。たとえば「お客さまに電話をかけるにはまだ少し時間が早いと思う。しかし、10時であれば既に起きているお客さまもいると思うので、おもいきって電話をかけてみよう。かけるからにはお客さまに喜んでもらえる電話応対をしたい」などのように、自分が感じている素直な気持ちを表現してみます。そして、期待するプラスのイメージ（お客さまが自分の話を聞いてくださる）を想像してみると迷いが少なくなります。行動を起こす時には判断はつきものです。迷う時こそ言葉を使って、良い結果が手に入るように心の整理整頓を行いたいものです。

接遇三箇条

その一、言葉の乱れは心の乱れ
その二、気持ちの整理は言葉で行う
その三、前向きな言葉が前向きな行動をつくる

38、行動力は素直さから

●マニュアル世代

考える力が弱くなっていると言われている昨今。確かに、少し考えればわかりそうなことも何でも聞いてくる部下や後輩が、昔に比べて増えたと感じている方もいるでしょう。マニュアル世代とも言われ、細かい指示がないと動けないと揶揄されています。ですが、一旦理解すると行動は素早く、手順に沿って進めていくことができるのはマニュアル世代の強みでしょう。

先日、母が携帯電話の機種変更をしたとのこと。写メールが送れなくなったと嘆いていたので「取扱説明書を見たら」と私が言いました。すると「いつも同じ機種だし、説明書は見ないから、もう捨てちゃって多分ないと思う」一方、私は必要な時には取扱説明書を開くタイプ。マニュアル世代とノンマニュアル世代のはざまの世代のようです。

取扱説明書のような指南書があると強い世代と、ない方がかえって進めやすい、力を発揮できる世代があるように感じます。後者の方は指南書がないから「とりあえずやってみよう」と行動に移しやすい面があります。一方、前者は指南書の読解でつまずいてしまうと行動できない、つまり「とりあえずやってみよう」と気楽に取り組めない面があるように思います。

指南書の読み込みが難解なグループワークトレーニングがあります。グループ対抗で進める研修ゲームです。5〜6人のグループメンバーがああでもない、こうでもないと言いながら課題に取り組みます。その研修ゲームを行っている最近の新入社員を見て、感じたことがありました。それは、グループメンバーが皆で頭を抱えてしまって、タイムリミットがあるのにもかかわらず誰も動こうとしないのです。「とりあえずやってみよう」「できるところだけでもいいからやってみよう」と行動に移せない傾向が見られました。

誰でも失敗は避けたいし、間違えたくないのはわかるのですが、立ち止まっていたら成功はもちろん、失敗から学ぶことさえも逃してしまいます。「結果としてはゴールまで到達しなかったけど、やらなかっただけだからそれは失敗ではない」と失敗を避けているようにも見えてしまいました。

●考えてばかりでは前には進まない

〝STOP&LOOK〟という言葉があります。立ち止まって見る（考える）です。毎日忙しいビジネスパーソンには必要な時間です。懸命に走り込むことも必要です。しかし、走り続けているだけであると、間違った方向に進んでいたとしても気がつかないこともあるでしょう。時には走るのをやめて、周りを客観的に見ることも必要です。立ち止まって考えることが、目標に確実に向かっていくために必要なことなのです。

ところが、最近は〝走らないで止まっているだけ〟の人が増えているように感じます。〝引きこもり〟と言われ、家や部屋に引きこもり、人とコミュニケーションを取らない人も動かずに止まっているだけです。引きこもりとまではいかなくても、考えるばかりでなかなか行動に移さない人も見受けられます。行動に移さないので変化がなく、考えることは堂々めぐり……何か少しでも行動すれば、また違った体験ができるので、考えることも変化してくるのでしょうが、一つの所に立ちどまったまま。見る景色も変わらなければ、思うことも変わらない、かわり映えのしない日々を送ることになってしまいます。

●素直に行動にうつす

行動に移せない、変化させられない時に陥りがちなのが、何か特別なことをしなくてはいけない、大それたことが必要だと考えてしまうことがあげられます。どんな人でも特別なことや大それたことには用意周到になってしまい、行動に移すのが遅れるものです。そうではなくてもっと簡単にできることから始めると良いでしょう。例えば興味のある本や専門書を読む、人に会って話をしてみることでもいいと思います。自己完結せずに外界からの刺激を積極的に受けてみましょう。ただ本当に変化させられるかどうかは、見たこと聞いたことから感じたことを、素直に行動に移せるかどうかにかかってきます。「どうせやっても変わらない」「何の意味があるのか」と、行動する前からこのような考えに縛られていたら、いつまでも変化することはできないでしょう。

接遇三箇条

その一、考えているだけでは状況は変わらない
その二、素直な気持ちが行動を起こす
その三、前進するには一歩を踏み出す

39、『こうなりたい』から『こうである』へ

●考えていることを引き寄せる

前職の航空会社を辞めてから10年以上が経ちますが、その当時の後輩と一緒に仕事をする機会がありました。後輩の彼女も研修講師として活躍しています。２日間、仕事をしていて気がついたことがありました。20代のころと比較して彼女が大変スリムになっていたことでした。身長も１７０㎝ほどありますが、その当時は横幅もあり、太っているという印象ではありませんでしたが、少しぽっちゃりとしていました。

人は通常、年を重ねると筋肉量が減少し、消費エネルギーも減って体重が増加していく傾向にあると思います。私も特に食べているというわけではないのですが、体重は年々増

加しています。年を重ねると体重が増えるのも仕方がないと、最近ではこの現実を受け入れるようにもなっていました。ところが彼女はスラッとしていてモデルさんのようです。

「前よりだいぶ瘦せたね」と私は昼食を食べながら彼女に言いました。すると「特に何かをしたわけではないんですけど、自然と瘦せたんです」とのこと。当時から10kgほど瘦せたそうです。「あの時は瘦せなきゃ、瘦せなきゃといつもダイエットをしていましたけど全然瘦せなくって……今も決して食べていないわけではないんですけど」と、うらやましい返答でした。彼女の言葉を聞いてハッと思い出した言葉がありました。「人は自分が考えている状況や状態を引き寄せている」

●理想の状況や状態を思う

20代の頃の彼女は「自分は少しぽっちゃりしているから瘦せなきゃ、瘦せなきゃと常々考えていた」つまり、いつもダイエットが必要な状況や状態を引き寄せていたのです。私に関して言えば「人は年を重ねるごとに体重は増えていくものである」という考えに支配されていました。そう考えているので年々、体重が増加しています。

自分が考えていることを引き寄せているということは、気をつけないと大変怖いことだと思います。例えば「自分は緊張すると頭が真っ白になってしまい、上手く動けないから緊張しないようにしたい」「この動作が苦手だから、苦手と思わないようになりたい」と考えていると、緊張すると頭が真っ白になってしまうことや、上手く動けない状況が現象として表れてしまうということです。苦手な動作は常に苦手なまま。

そこでネガティブな考えを捨てて、ありたい姿や理想とする状況をイメージしてみます。「私は緊張しても何をしているのかわかっている。緊張してもうまく動ける」「私はこの動作ができる」と考えてみるのです。ダイエットでいえば、「私は理想の体重である」「年を重ねても20代の頃と同じ体重を維持している」と。確かに、おじいちゃんやおばあちゃんがみんな太っているとは限りません。中年太りをしない人もいます。

「思うようにならないのが世の常である」というようなことを言ったり、聞いたりすることが多くあると思います。そう考えていると、思うようにならないことばかりが起こってしまうということだと思います。

●幸運の女神は準備ができている人に微笑む

私は学生の頃に客室乗務員になるための専門学校に通っていました。専門学校に通っているだけで、まだ客室乗務員になったわけではないのですが、私は自分が既に客室乗務員であるかのように思うようにしていました。授業の中で学んだ客室乗務員に必要な資質、例えば協調性や責任感、立ち居振る舞いの洗練さなどを自分の中に取り入れて日々の生活で実行していました。

消防士さんの中にも似たような行動をとっていた方が大勢いらっしゃると思います。子供の頃から消防士さんのように消火活動の真似ごとをしていた。体力づくりに人一倍励んでいた。火災や災害などに興味を持ち、予防に貢献していたと言うようなことです。

実現の近道は、すでにそうなっている状況をありありと想像することだと言われています。「あの人のようになりたい、あのような仕事をしたい」という動機の芽をさらに成長させて、あたかも既に自分がその人になったかのようにふるまったり、その仕事をしているかのような気持ちで今の仕事に取り組んでみてはいかがでしょうか。

接遇三箇条

その一、自分が考えていることが引き寄せられる

その二、望む状況が手に入っていると考える

その三、そうなるために必要なことを行動する

40、不景気がもたらしたこと

●やっぱり基本

消防士さんの世界では『基本』というのは、死守するくらい大事なものだと思います。私も客室乗務員の新人訓練時に、消火器の使い方やドア操作などのエマージェンシーに関することの手順は一語一句違わないように覚えさせられました。その時は、少しくらい言葉が違ってもいいじゃないと思ったり、何もそこまで基本に忠実にならなくてもいいのではないかという思いがありました。しかし、今になって思うと『基本』は全ての始まりでもあるし、また戻ってくるところでもある核のようなものであると感じています。

何でそのようにつくづく思ったのかというと、一つは不景気になり、仕事をはじめ生活全般が今までの流れではなくなってきていると思うからです。不況により、外食が減って家で食事を取る人が増えたということ、残業が減り、早く帰宅する人が増えて家族と共に過ごす時間が増えたなどの話を良く聞きます。ちなみに女子高校生が不景気を感じる第一位は「父親の帰宅が早くなった」だそうです。不況になり環境が変化し、流れが変わったことによって、基本に返ってきているように思います。

●基本に戻ったら、新たな道が開けた

私に関しても自分の仕事や生活を見直すきっかけになりました。ことしは例年と違い、仕事に追われるという状況が減りました。次から次へと入ってくる予定に追われていると、基本をおろそかにしてしまいがちです。一つのことに費やす時間が減ってしまったり、見直すことなく進んでいるような状況になってしまうのです。ＰＤＣＡサイクルをしっかりと回していないことになります。しかし、今年は時間に余裕があるので、毎年の仕事に対してもじっくりと時間をかけて見直したり、準備をしたりすることができました。

また、仕事の仕方だけではなく、お客さまや仕事関係の方たちとの付き合い方なども考えることができました。やはり人と人との出会いは人生に大きな影響を及ぼすほど重要だと思います。人脈の大切さは誰しもが実感していることでしょう。仕事を通じて多くの方との出会いはありますが、そこからお付き合いがはじまるというのは奇跡に近いことだと思いますし、何年もお付き合いが続くということはお互いの縁や努力なくしては成り立ちません。

そこで、疎遠になっている方へ連絡をしたり、十分な協力ができていなかったことに対して働きかけたりすることにより、しばらく遠のいていた方との付き合いが再開しました。こうしてまた新しい流れが始まったことは非常にうれしく思います。時間に追われていたり、今までの流れが続いていると従来通りの行動が続きます。しかし、流れが変化したことにより、行動が変わると新たな世界が開けてくるから面白いものです。

●迷った時は基本に帰る

日本人の生活全般においても基本に戻っているように思います。食料自給率が低いことへの危機感も手伝い農業に従事する人が少しずつですが増えていると聞きます。また、独身貴族やディンクスといったライフスタイルがもてはやされたこともありましたが、今では少子化に歯止めをかけるためには婚活（結婚活動の略）が大事など、婚活は別としても古来の日本人があたりまえのようにしていたことに立ち戻っているように思います。失ってから初めて気がつくこともあるのでしょう。ここ数年「時代の過渡期」と言われていますが、迷った時こそ基本に帰るのでしょうか。

１００年に一度の不況と言われる時代に生きていることに多少の不幸を感じます。ですがこのように考えてみると未曾有の不景気になったからこそ、人としての原点に立ち、基本に立ち戻るきっかけになって良かったという思いもあります。もう既に変化していますが、夫婦のあり方もますます変わってくるでしょう。戦後はサラリーマン世帯が急増したことにより男性が経済的に一家を支えるスタイルが一般的でした。戦前は農家や商店などの個人事業者が多く、夫婦が一緒に仕事をしている世帯が多くあったそうです。これからはまた夫婦が共に協力しながら一家を支え合っていく家庭が主流になるでしょう。

接遇三箇条

その一、立ちどまると基本が見えてくる
その二、迷った時も基本を大切にする
その三、新しい展開も基本からはじまる

41、継続を貯金しよう

●大きな誓いより、続けられる誓いを

新年の誓いは3日坊主になっていませんか？　もしなっていたとしたら、ここで仕切りなおしましょう。立てた新年の誓いが大きすぎて負担になっていたとしたら、思い切って簡単なものに変更するのも一案です。なぜなら誓った内容よりも、継続することの方がより重要だと思うからです。外資系教育会社の営業として、世界ナンバー2になったセールスウーマンの講演を聞いたことにより、強くそう思うようになりました。

その女性は1年365日を52週として考え、毎週、つまり52週間お客さまとの契約を取り続けることを目標とし、達成されたすごい方です。色々なことを自分に課して実践なさっ

てこられたと思いますが、特に心がけていたことは〝お客さまに平等に説明すること〟のようでした。落ち込んだり、嫌になったりする気持ちを常に切り換えて、次に会うお客さまに対しては一期一会の精神で、誰に対しても熱心に丁寧に説明をしていたそうです。

人は自分の可能性を自分で信じないような面があると思います。「本当に自分にこの目標を達成できるのだろうか」「本当にこの試験に合格できるのだろうか」「自分はこの仕事をやり遂げられるのだろうか」「売上を上げられるのだろうか」などなど。そういった自分の迷いや弱さを打ち消してくれるのが〝継続〟だと思うのです。「自分は目標達成できる」「試験に合格できる」「自分はこの仕事をやり遂げられる」「売上を上げられる」と心から、迷いや疑いなく思えることが成功への第一歩です。少しでも迷っていたり、疑っていたりしたら、それは失敗につながってしまうでしょう。

この時期、フィギアスケートを見る機会が多いのですが、練習では無難にこなせている回転ジャンプもいざ本番となると失敗して回転が少なくなったり、着地に失敗して転んでしまう選手がいます。試合前の選手の心境は「ちゃんとジャンプできるかな……」「着地がきまるかな……」と不安もあると思います。ですが、その不安に打ち勝てるものが唯一あるとすれば継続してきた練習なのではないでしょうか。「あれだけジャンプの練習をしてきて、実際に成功しているのだから大丈夫！」と思えれば「失敗するかもしれない」とは思わないでしょう。

●自分を信じる力

目標を達成するにはそれなりの努力が必要だと思いますが、それ以上に継続して何かを行ってきたということがすごく重要になってくると思います。気合いをかなり入れないとできないようなことを継続するのは負担になってしまいます。たとえばメタボ解消のために「毎日、帰宅後に3キロ走る」というのは私にはかなり負担に感じます。それを「毎日、一駅手前で下車して家まで歩く」であればさほど負担には感じないと思います。

また、3日坊主になって続かない自分を責めたり、嫌になったりして自信を失うより、簡単にできることでもいいので続けることのほうが精神的にも断然プラスになります。その継続が自己肯定感（自分の長所も短所も全てをひっくるめたうえで自分を認めること）になり、自分のことを信じられるようになるのでしょう。日頃の継続が自分への大きな自信になっている最たる方が、メジャーリーガーであるイチロー選手だと思います。

●人は思ったようにしかならない

〝人は思ったようにしかならない〟という言葉に触れるたびにドキッとさせられます。この言葉を言い換えると〝人は思ったようになる〟とも表現できます。それなのについ自分に対してこのような言葉を浴びせていることがあります。「どうせ駄目に決まっている」「できっこない」「私には無理」「できないかもしれない……」弱気になっている時などは、ついつい心の中で自分に言い聞かせてしまっている言葉です。

「自分はできる」「この目標を達成できる」「思っているようになる」と、まずは自分が思うことが成し遂げるための第一歩。自信を持って思えるようになるために、小さな継続の貯金を今年もたくさんいたしましょう。

接遇三箇条

その一、継続が不安を払拭してくれる
その二、継続するから自信につながる
その三、だからこそ続けられることを継続する

42、全ての期待は自分に向ける

●自分を活かす考え方

２００８年、アメリカ大統領選挙の候補者選びで民主党ヒラリー・クリントン氏とオバマ氏が熾烈な選挙戦を繰り広げました。ヒラリー・クリントン氏が候補者に選ばれれば、初の女性大統領の誕生になるかもしれないということで、選挙戦の行方が注目されたところです。女性の活躍はなにもアメリカだけではありません。日本で大変ご活躍されているある女性の講演を聞いてまいりました。

その方はオリンパスの研究開発センターに勤務される研究者の唐木幸子さんです。70人近い部下を持つ部長さんです。２００４年の日経ウーマンオブザイヤーで大賞を受賞された方でもあります。素晴らしいご功績は、唐木さんのものごとの捉え方や考え方による部分が大きいと感じたので、是非とも皆さんにご紹介したいと思い、今回のテーマとしました。

仕事をしていて「何で自分ばかりがやらされるのだろう」とか「他の人は全然手伝ってくれない、自分ばかりがいつも大変」などと思うことはありませんか。私の場合は「なんで私ばかりがご飯を作らなきゃいけないの」と、心の中でつぶやきながら食事の支度をしていることもありますが……。

〝そう思うのは他人に期待しているから〟と、唐木さんは講演でおっしゃっていました。「他人に期待するのではなく、自分に期待しましょう」と。この自分に期待するという言葉に私はすっかり聞き惚れてしまい、しばらくの間は他の言葉が頭に入ってこないほどでした。今までの私の座右の銘は「運命は意思なり」でしたが、この日から「全ての期待は自分に向ける」も追加しようと心に決めました。

●日本人女性の強み

『女性プロフェッショナルとして働くこと』が講演のテーマでしたが、お話の中で日本人女性の強みについてもふれていました。日本人女性の強みは「自分で動く我慢強さ」であると、アメリカ留学時に思われたそうです。アメリカ人女性はたとえ日本人女性より体が大きくても、重いものは男性に運んでもらうそうですが、唐木さんは15kgほどのものであれば自分で運んでいたそうです。

アメリカはレディーファーストですから、男女が一緒にいる場合は、女性はドアも椅子も自分で引くことはありません。女性である私からすると男性からドアや椅子を引いてもらえるのはお姫様にでもなったような気分で嬉しい限りです。しかし、私も実際のところは頼むくらいだったら自分でやってしまったほうが早いとばかりに、できることはなんでも自分でしてしまうほうです。

そんな中、講演を聞きに来ていたある女性が悲しそうに話していました。「私の仕事は今すごく暇なんです。男性が何でもしてしまうので、仕事がないのです。女性にすごく気を使ってくれて、仕事を任せてくれないのです……」と。自分で動く我慢強さを持っている女性にとっては酷な話です。

これと同じような話を聞いたこともあります。せっかく総合職で入社してきたのに、女性にそんなきつい仕事をさせたら可哀そうだからと、簡単な仕事しか任せてもらえないという話です。女性の立場からいうと、そのような老婆心によって女性の活躍の芽を摘まないで！ と言いたいところです。そうやって成長の機会を逃してしまうことの方がよっぽど可哀そうではありませんか。男性が女性に気遣ってくれるのであれば、重い書類を持ってくれたり、重い荷物を運んでくれたりする方がよほど感謝されることでしょう。

●自分に期待することは自分の可能性を広げること

「どうして、自分はやりがいのある仕事を任せてもらえないのか」と悩んでいるのであれば、このように自分に期待してみたらどうでしょう。「私がやりがいを感じながら仕事をするにはどうすればいいのだろう」そして「なんで私ばかり……」と思ったら「私だからこそできることをしよう」と自分に期待を寄せてみるのです。すると自分の可能性に広がりを感じてワクワクしてきませんか。〝どうして……、なんで……〟から〝どうすれば楽しめるか〟〝何ができるか〟と言葉を切りかえてみます。初めはすぐに気持ちが切りかわらないかもしれませんが、言葉がかわれば思考も徐々に変化してくるものです。「自分で自分を期待する」いい言葉ですね。

接遇三箇条

その一、期待は他人ではなく自分に寄せる
その二、自分に期待をして自分の可能性を広げる
その三、自分で自分を大いに期待する

あとがき

研修講師の仕事をはじめて約15年になりますが、はじめて海外で接遇研修をさせていただきました。行った場所は、ウクライナです。かつてはウクライナ社会主義共和国としてソビエト連邦に属していた国です。元社会主義国へは行ったことがなかったので、どのような国なのか全く想像がつきませんでした。しかし、現地に駐在している日本人からは、「とても綺麗な街なので、きっと気に入ってもらえるでしょう。安心して来てください」と言われていました。

実際に行ってみた感想は、石畳と建物の印象からしてヨーロッパに近い印象を受けました。新しい近代的なビルもあり、街中では車が多く走っています。日本車も多く目にしました。飲食店ではチップ制が導入されていて、サービスも思っていたよりは良かったように感じました。また、ウクライナでも和食が大人気なようで、ランチはいつも日本食レストランに連れていっていただきました。

ウクライナで生活するアジア人は少なく、日本人として好奇の目で見られる一方で、日本人にとても親しみを持っていることが伝わってきました。ウクライナとは原発事故という共通点があります。また、東日本大震災後の日本は、様々な国から注目されていることがわかりました。震災後、さほどの混乱をきたすことなくやっている小さな国を新しい視点で見てくれているように感じます。昔は経済成長という視点だったと思いますが、今は、日本人が大切にしているおもてなしや相手への思いやりなどの視点で注目されているように思います。

経済のグローバル化に伴ってベトナムに日本食レストランが増えているそうです。日本式接客で応対してくれるレストランが、現地の人から歓迎されていると聞きました。「いらっしゃいませ」と温かく迎えてくれる挨拶、素早い応対、きめ細やかなサービスが人気を呼んでいるようです。察する心、気遣いや心配り、思いやる気持ちなどを日本人として再認識して、自信を持って世界に発信していく時が来たと思います。日本人一人ひとりが、自信と誇りを持って接遇コミュニケーションを実践し、世界に発信していく時がきたと思っています。

索　引

索引　INDEX

能　勢　みゆき（のせ　みゆき）
平成元年（1989年）にエアーニッポン株式会社（現　全日本空輸株式会社）に入社し、客室乗務員として勤務。チーフとして８年間の乗務経験を積みながら、リーダー客室乗務員として班員のマネジメントも行う。平成８年（1996年）に退社後、フリーの研修講師として、専門学校や大手人材派遣会社の講師などを歴任。平成16年（2004年）に株式会社エンパワー21を設立し現在に至る。専門分野は、接遇コミュニケーション（接客マナー、ビジネスマナー、ビジネス文書、クレーム対応、コミュニケーション、コーチング、女性リーダー育成、研修ファシリテーション）。民間企業や官公庁において研修や講演を多数実施している。

主な著書・論文
『ワクワク売場のさわやか笑顔』（日本監督士協会）
『これがもっと売れる対面販売力』（日本監督士協会）
主な講演実績（消防関係のみ）
東京防災救急協会、埼玉県消防長会、栃木県消防学校、静岡県消防学校、須賀川地方広域消防本部、白河地方広域消防本部、船橋市消防局。

KSS 近代消防新書

006

あなたを幸せにする接遇コミュニケーション
～人を大切にすることは自分を大切にすること～

著　者　能勢《のせ》みゆき

発行　2012年11月27日（初版）

発行所　近代消防社
発行者　三 井 栄 志

〒105-0001　東京都港区虎ノ門２丁目９番16号
（日本消防会館内）
読者係（03）3593-1401㈹
http://www.ff-inc.co.jp

ISBN978-4-421-00835-7 C0290
価格はカバーに表示してあります。